McDougal Littell

¡En español!

CUADERNO

Más práctica

Más práctica Level 1a

ISBN: 0 395 95806-7

10 11 12 13 14 -PBO- 08 07 06 05 04

{ CUADERNO }

Más práctica

TABLE OF CONTENTS

Table of Contents

CUADERNO Más práctica

SALUDOS Y DESPEDIDAS

〰〰〰〰〰〰〰〰〰〰〰〰〰〰〰〰〰

ACTIVIDAD 1 ¡Hola, amigos!

It's your first day back at school. How will you greet your friends and teachers?

1. José, anytime _____

2. María, at 10 A.M. _____

3. Ricardo, at 2 P.M. _____

4. Ms. Costa, at an evening orientation meeting _____

5. Mr. Suárez, at 8:30 A.M. _____

6. Anita, at 4 P.M. _____

ACTIVIDAD 2 Adiós

How would you say good-bye to friends in the following situations?

1. You see each other every morning. _____

2. You probably won't see each other again this month. _____

3. It's 9 A.M., and you'll see each other at lunch. _____

4. You'll probably see each other tomorrow afternoon. _____

5. You're going to see a movie together tonight. _____

6. You only see each other occasionally. _____

ACTIVIDAD 3 Escuchar: Saludos y despedidas

Tape 1 · SIDE B
CD 1 · TRACK 18

Listen and try to answer these two questions about each conversation: What time of day is it? Will the two speakers see each other again soon? Put an **X** if there is not enough information to answer.

1. _____

2. _____

3. _____

4. _____

5. _____

6. _____

Preliminar
CUADERNO Más práctica

Preliminar

CUADERNO
Más práctica

¡En español! Level 1a

1

¿CÓMO TE LLAMAS? ⟨⟨⟨⟨⟨⟨⟨⟨⟨⟨⟨⟨⟨⟨⟨⟨⟨⟨⟨⟨⟨⟨⟨⟨

ACTIVIDAD 4 Una conversación

Complete the conversation using words from the box.

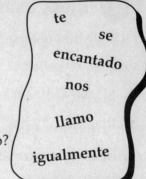

te
se
encantado
nos
llamo
igualmente

Teodoro: Hola. ¿Cómo _____ llamas?

Claudia: Me _____ Claudia. ¿Y tú?

Teodoro: Me llamo Teodoro. _____.

Claudia: _____, Teodoro. ¿Cómo se llama el chico?

Teodoro: _____ llama Federico. Hasta luego.

Claudia: Bueno, _____ vemos.

ACTIVIDAD 5 Escuchar: Encantada

Tape 1 · SIDE B
CD 1 · TRACK 19

Marta meets many new friends on her first day of class. From the list of names below, pick out the five people that she meets and list them in the order that she meets them.

1. _____
2. _____
3. _____
4. _____
5. _____

Cristina   Julia   Timoteo

Elena   Esteban

Daniel   Susana

Leonardo

ACTIVIDAD 6 ¿Cómo te llamas?

Write two short dialogs in which you talk to different classmates. Try to find out as much about your classmates as possible.

_____

_____

_____

_____

_____

_____

Preliminar
CUADERNO Más práctica

¡En español! Level 1a

¿DE DÓNDE ES?

ACTIVIDAD 7 Es de...

Your friend wants to know where everybody is from. Answer each question.

1. ¿De dónde es Tomás? (Costa Rica) _____

2. ¿De dónde es Carlota? (Argentina) _____

3. ¿De dónde es Felipe? (España) _____

4. ¿De dónde es Diana? (México) _____

5. ¿De dónde es Marcos? (Colombia) _____

6. ¿De dónde es Victoria? (Panamá) _____

ACTIVIDAD 8 Escuchar: Somos de Centroamérica

> **Tape 1 · SIDE B**
> **CD 1 · TRACK 20**

Listen and write where in Central America each person is from. (Look at the list on page 7 of your textbook if you need to.)

1. Ramón _____

2. Julia _____

3. Sarita _____

4. Miguel _____

5. Pedro _____

6. Ana _____

ACTIVIDAD 9 No, es de...

Your friend has misunderstood where several people are from. Explain to her where each person is really from.

1. ¿Raquel es de Guam? (Guatemala) _____

2. ¿Federico es de España? (Ecuador) _____

3. ¿Arturo es de Cuba? (República Dominicana) _____

4. ¿Samuel es de Costa Rica? (Puerto Rico) _____

5. ¿Rosa es de Chile? (Perú) _____

6. ¿Laura es de Paraguay? (Uruguay) _____

Preliminar
Cuaderno Más práctica

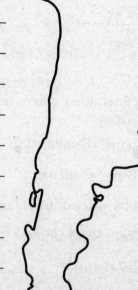

SOY DE...

ACTIVIDAD 10 En América

Look at the map of America on page xxvi of your textbook, and draw the countries' borders. Then label the countries.

ACTIVIDAD 11 ¿De dónde eres?

Choose your favorite Spanish names and use them to make complete sentences saying where you imagine these people are from. Use the map to find countries you believe would be fun to live in, and place the people's names by them.

1. _____
   _____

2. _____
   _____

3. _____
   _____

4. _____
   _____

5. _____
   _____

EL ABECEDARIO

ACTIVIDAD 12 Unos nombres

Practice spelling aloud these Spanish names.

1. Alfonso _____
2. Catarina _____
3. Eduardo _____
4. Hilario _____
5. Juanita _____
6. Leticia _____

ACTIVIDAD 13 Escuchar: ¿Cómo te llamas?

Tape 1 · SIDE B
CD 1 · TRACK 21

Listen and write down each name that you hear spelled.

1. _____
2. _____
3. _____
4. _____
5. _____
6. _____

ACTIVIDAD 14 Escuchar: ¿De dónde eres?

Tape 1 · SIDE B
CD 1 · TRACK 22

Listen and write down each country that you hear spelled.

1. _____
2. _____
3. _____
4. _____
5. _____
6. _____

Preliminar
CUADERNO Más práctica

LOS NÚMEROS DE CERO A DIEZ Y LOS DÍAS DE LA SEMANA

ACTIVIDAD 15 Escuchar: Teléfonos importantes

Tape 1 · SIDE B
CD 1 · TRACK 23

Write out these important phone numbers as you hear them.

1. el doctor: _____

2. Ricardo: _____

3. María: _____

4. Ana: _____

ACTIVIDAD 16 ¿Qué día es mañana?

For each day, say what tomorrow is.

1. lunes _____

2. miércoles _____

3. viernes _____

4. domingo _____

5. martes _____

6. jueves _____

7. sábado _____

ACTIVIDAD 17 El calendario de Carmen

Carmen has a busy social life. Look at her calendar and say when she is visiting each person.

> **modelo:** Visita a José el <u>martes</u> <u>dos</u> de septiembre.

septiembre

lunes 1	
martes 2	José
miércoles 3	•Gabriela•
jueves 4	→Francisco
viernes 5	Julia Juana Jimena
sábado 6	Los García
domingo 7	Los Espinosa

septiembre

Roberto y David

Miguel y Dora	lunes 8
	martes 9
¿Ana y Ricardo?	miércoles 10
-Ignació-	jueves 11
	viernes 12
	sábado 13
	domingo 14

1. Visita a Miguel y Dora el _____
_____ de septiembre.

2. Visita a los Espinosa el _____
_____ de septiembre.

3. Visita a Roberto y David el _____ _____ de septiembre.

4. Visita a Julia, Juana y Jimena el _____ _____ de septiembre.

5. Visita a Gabriela el _____ _____ de septiembre.

6. Visita a Francisco el _____ _____ de septiembre.

7. Visita a los García el _____ _____ de septiembre.

Preliminar

Más práctica

¡En español! Level 1a

FRASES ÚTILES

ACTIVIDAD 18 En la clase

A   **B**   **C**   **D**   **E**

Match the teacher's instructions to the pictures.

_____ **1.** Saquen un lápiz.

_____ **2.** Escriban...

_____ **3.** Miren el pizarrón.

_____ **4.** Abran los libros.

_____ **5.** Cierren los libros.

ACTIVIDAD 19 Frases útiles

Complete the useful phrases.

1. Más _____, por favor.

2. No _____.

3. ¿Cómo se _____...?

4. ¿Qué _____ decir...?

5. Repita, por _____.

ACTIVIDAD 20 Instrucciones

Use words from the box to complete the instructions you might hear in class or read in your textbook.

1. Saquen _____.

2. Miren _____.

3. Contesta _____.

4. Completa _____.

5. Escoge _____.

6. Pásenme _____.

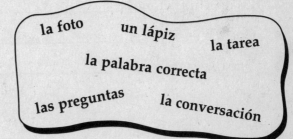

la foto   un lápiz   la tarea
la palabra correcta
las preguntas   la conversación

Preliminar
Más práctica

CUADERNO
Más práctica

REPASO ⟨⟨⟨⟨⟨⟨⟨⟨⟨⟨⟨⟨⟨⟨⟨⟨⟨⟨⟨⟨⟨⟨⟨⟨⟨⟨⟨⟨⟨⟨⟨⟨

ACTIVIDAD 21 Nuevos amigos

Complete the conversation.

Antonio: Buenos días. ¿Cómo _____ llamas?

Blanca: _____ llamo Blanca. Es un placer. Y tú, ¿cómo te llamas?

Antonio: Igualmente. Me llamo Antonio. ¿De _____ eres?

Blanca: _____ de México. ¿De dónde eres tú?

Antonio: Soy de Perú. Por _____, ¿cómo se llama el chico?

Blanca: El chico se _____ Ramón.

ACTIVIDAD 22 Series: letras, números y días

Complete each sequence logically.

1. cero, dos, cuatro, seis, ... _____

2. uno, tres, cinco, ... _____

3. zeta, i griega, equis, ... _____

4. be, de, efe, hache, ... _____

5. lunes, martes, miércoles, ... _____

6. jueves, viernes, sábado, ... _____

ACTIVIDAD 23 ¿Y tú?

Answer each question.

1. ¿Cómo te llamas? _____

2. ¿De dónde eres? _____

3. ¿Cuál es tu teléfono? _____

4. ¿Qué día es hoy? _____

5. ¿Qué día es mañana? _____

Preliminar
Más práctica
CUADERNO

ESCUCHAR ⊚⊚⊚⊚⊚⊚⊚⊚⊚⊚⊚⊚⊚⊚⊚⊚⊚⊚⊚⊚

ACTIVIDAD 1 Los vecinos

Listen to the following descriptions and write 1, 2, or 3 in each blank to show who is being described.

_____ un hombre

_____ una mujer

_____ una chica

Listen to the descriptions again. Write 1, 2, or 3 in each blank to show in what description you hear the following sentences.

_____ Vive en un apartamento.

_____ Es de México.

_____ Le gusta bailar.

ACTIVIDAD 2 Un amigo

Listen to the description of Juan Carlos and complete the sentences with the words that you hear.

1. Juan Carlos López es un _____ de mi familia.

2. _____ es de Cuba, pero ahora _____ en Miami.

3. Vive en una _____ con su familia.

4. Es _____.

5. Le gusta _____, y también le gusta _____ mucho.

¡En español! Level 1a

ACTIVIDAD
3 Una vecina

Mark each sentence **C** for **cierto** (true) or **F** for **falso** (false).

C F **1.** La señora Sánchez vive en una casa.

C F **2.** La señora Sánchez no tiene familia.

C F **3.** La señora Sánchez es de Puerto Rico.

C F **4.** La señora Sánchez es de la comunidad.

C F **5.** A la señora Sánchez le gusta escribir.

ACTIVIDAD
4 Dos amigos

Listen to the passage, and circle the word that best fits each sentence.

1. Gerardo vive en (una casa/un apartamento).

2. Gerardo y Carlos son (amigos/maestros).

3. A Gerardo le gusta (nadar/correr)

4. A Gerardo no le gusta (patinar/nadar).

5. A Gerardo le gusta (leer/escribir).

¡En español! Level 1a

VOCABULARIO ꧁꧁꧁꧁꧁꧁꧁꧁꧁꧁꧁꧁꧁꧁꧁꧁꧁꧁꧁꧁꧁꧁

ACTIVIDAD 5 La ciudad y la familia

Underline the word that best fits each sentence.

1. Estados Unidos es un (mundo/país) donde viven muchos hispanos.

2. La (comunidad/concurso) hispana es importante en Miami.

3. Miami es un (mucho/lugar) interesante.

4. Yo (vivo/vive) en un apartamento, pero Antonia (vivo/vive) en una casa.

5. Mamá, te (bienvenido/presento) a mi amiga Antonia.

ACTIVIDAD 6 El intruso

Circle the word or phrase that does not belong in the category.

1. ¿Cómo está usted?/¿Qué tal?/¿Cómo estás?/Terrible.

2. regular/concurso/terrible/bien

3. comunidad/mundo/patinar/país

4. lugar/cantar/nadar/bailar

5. doctor/maestro/policía/amigo

ACTIVIDAD 7 ¿Cómo está?

Look at the drawing below and say how each person is feeling.

1. Mario _____

2. Lucía _____

3. Roberto _____

4. Eva _____

5. Gregorio _____

ACTIVIDAD 8 ¿Qué le gusta?

Look at the picture in **Actividad 7** and say what each person likes to do.

1. Eva: _____

2. Lucía: _____

3. Mario: _____

4. Roberto: _____

ACTIVIDAD 9 La familia

Write five sentences to describe the family in the drawing.

1. _____

_____

2. _____

_____

3. _____

_____

4. _____

_____

5. _____

_____

ACTIVIDAD 10 Querido(a) amigo(a)

Write a post card or e-mail to a new friend. Introduce yourself by telling your name,
what you like to do, where you are from, and where you live.

_____

_____

_____

_____

_____

_____

_____

GRAMÁTICA: FAMILIAR AND FORMAL GREETINGS

ACTIVIDAD 11 ¡Hola!

Manuel runs into a lot of people he knows when he walks down his street. Complete each of his greetings.

1. ¡Señor Puentes! ¿Cómo _____ usted?

2. ¡Rico! ¿_____ tal?

3. ¡Paquita! ¿Cómo _____?

4. ¡Doctora Blanco! ¿_____ está usted?

5. ¡Rafael y Pancho! ¿Qué _____?

ACTIVIDAD 12 Mucha gente

How would Manuel greet each of these people?

1. la señora Moreno _____

2. Roberto _____

3. un policía _____

4. María _____

5. el señor Gómez _____

ACTIVIDAD 13 Saludos

Write a short greeting dialog for each pair of people who run into each other.

1. Alma y Francisco _____

_____

2. el señor García y Alma _____

_____

3. la señora Ramos y el señor Alonso _____

_____

4. un maestro y una estudiante _____

_____

5. dos amigos _____

_____

¡En español! Level 1a

Nombre _____ Clase _____ Fecha _____

GRAMÁTICA: SUBJECT PRONOUNS AND *ser* @@@@@@@@@

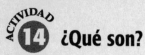

14 ¿Qué son?

Underline the word that best fits the sentence.

1. Yo (son/soy) estudiante.

2. Roberto y Juan (somos/son) vecinos.

3. Tú (eres/es) mi amigo.

4. Tito y yo (soy/somos) doctores.

5. La mujer (es/eres) maestra.

6. Carlos y tú (eres/son) estudiantes, ¿verdad?

15 ¡Soy yo!

Complete each sentence with the correct subject pronoun.

1. _____ soy estudiante.

2. _____ somos de Miami.

3. ¿Mi mamá? _____ es maestra.

4. _____ son buenos vecinos.

5. _____ eres de México, ¿no?

16 Somos amigos

Identify each person according to the word in parentheses.

   modelo: Francisca (estudiante) <u>Ella es estudiante.</u>

1. Jorge y Amalia (amigos) _____.

2. Alma y yo (vecinos) _____.

3. el señor Jiménez (policía) _____.

4. tú (doctora) _____.

5. yo (estudiante) _____.

6. usted (maestro) _____.

GRAMÁTICA: USING *ser de* TO EXPRESS ORIGIN @@@@@@

ACTIVIDAD 17 Somos de lugares diferentes

Underline the word that best completes the sentence.

1. Yo (eres/soy) de Panamá.

2. Ellas (somos/son) de Costa Rica.

3. Nosotros (soy/somos) de Miami.

4. El doctor (eres/es) de Puerto Rico.

ACTIVIDAD 18 ¿De dónde son?

Your friend needs help with her homework. Correct the errors in these sentences.

1. Mi amigo son de Cuba. _____

2. Yo soy Miami. _____

3. Los policías es de la República Dominicana. _____

4. Roque y yo son New Orleans. _____

ACTIVIDAD 19 ¿De dónde?

Look at the drawing and write sentences saying where these people are from.

1. Antonio y Julia _____

2. Ricardo _____

3. Eduardo _____

4. Raquel _____

¡En español! Level 1a

GRAMÁTICA: *gustar* ᘉᘉᘉᘉᘉᘉᘉᘉᘉᘉᘉᘉᘉᘉᘉᘉᘉᘉᘉᘉᘉᘉᘉᘉᘉᘉᘉᘉ

ACTIVIDAD 20 ¿Qué te gusta hacer?

Complete each sentence with the appropriate word according to the subject in parentheses.

1. (yo) _____ gusta leer.

2. (ella) _____ gusta escribir.

3. (tú) _____ gusta comer.

4. (Ramón) _____ gusta nadar.

5. (yo) _____ gusta cantar.

ACTIVIDAD 21 Y a Carlota, ¿qué le gusta?

Look at the picture of Carlota's room and write five sentences saying what she likes to do.

1. _____

2. _____

3. _____

4. _____

5. _____

ACTIVIDAD 22 Gustos diferentes

How do you ask a friend what he or she likes or dislikes to do? _____
Find out what two of your friends, classmates, or family members like or dislike to do. Then write their name and next to it write what you found out. Use complete sentences. Include at least one activity that they like and one that they don't like.

_____

_____

_____

_____

_____

● **ESCUCHAR** ⓪ⓞⓞⓞⓞⓞⓞⓞⓞⓞⓞⓞⓞⓞⓞⓞⓞⓞ

 **Alejandro**

Listen to Alejandro, and complete his description by filling in the blanks with the words you hear.

Hola. Me llamo Alejandro. _____ de San Antonio, una ciudad de Texas en los Estados Unidos. San Antonio es un _____ muy interesante y _____. Me _____ comer en el Paseo del Río, Tiene _____ restaurantes y tiendas. En esa área _____ están el Mercado, el Álamo, el Parque HemisFeria y _____ buen museo. San Antonio no es _____.

2 ¿De qué hablan?

Listen to the following conversations and put the number of each conversation (1, 2, or 3) next to its topic.

_____ They are talking about themselves.

_____ They are talking about their friends.

_____ They are talking about San Antonio.

ACTIVIDAD 3 ¿Cómo son?

Listen to each description, then underline the answer that describes that person best.

1. Carlota es _____.

   a. cómica

   b. fuerte

   c. perezosa

2. Mario es _____.

   a. pequeño

   b. rubio

   c. fuerte

3. A Anamaría le gusta _____.

   a. comer y bailar

   b. trabajar y nadar

   c. escribir y cantar

4. A Pablo le gusta _____.

   a. patinar y correr

   b. leer y escribir

   c. trabajar y comer

ACTIVIDAD 4 ¿Y tú?

Listen to each speaker, then answer the question he or she asks you at the end.

1. _____

_____

2. _____

_____

3. _____

_____

4. _____

_____

VOCABULARIO ⟨⟨⟨⟨⟨⟨⟨⟨⟨⟨⟨⟨⟨⟨⟨⟨⟨⟨⟨⟨⟨⟨⟨⟨⟨⟨⟨⟨

ACTIVIDAD 5 Somos diferentes

Look at the drawing below and underline the word that best completes each sentence.

1. Diego es (gordo / delgado).

2. Anita es (delgada / alta).

3. El perro Max es (pequeño / perezoso).

4. Juan es (delgado / fuerte).

5. El gato Leo es (perezoso / delgado).

ACTIVIDAD 6 ¿Cómo son los amigos?

Look at the drawing in **Actividad 5** again and write five sentences describing the scene in more detail. Be sure to mention each person at least once.

1. _____

2. _____

3. _____

4. _____

5. _____

ACTIVIDAD 7 El intruso

Circle the item that does not belong in the category.

1. la blusa / la falda / el vestido / los pantalones

2. pelirrojo / rubio / alto / castaño

3. cómico / perezoso / divertido / simpático

4. nuevo / rojo / verde / azul

5. serio / bueno / malo / zapato

6. trabajador / paciente / alto / aburrido

ACTIVIDAD 8 La gente

Who do you know that matches these descriptions?

1. Es interesante y trabajadora. _____

2. Le gusta llevar jeans negros. _____

3. Es paciente y simpática. _____

4. No lleva calcetines. _____

ACTIVIDAD 9 ¿Qué llevar?

You are preparing the clothes that you'll wear next week. Depending on the place and the occasion, describe what clothing you will wear.

1. a la fiesta de un amigo _____

_____

2. al aniversario de mamá y papá _____

_____

3. a un restaurante elegante _____

_____

4. a la escuela _____

_____

5. al parque _____

_____

ACTIVIDAD 10 ¿Cómo son ustedes?

Describe yourself and a friend. Describe your personality, physical appearance, the clothes you like to wear, and your favorite activities.

_____

_____

_____

_____

_____

_____

_____

GRAMÁTICA: DEFINITE ARTICLES ⌇⌇⌇⌇⌇⌇⌇⌇⌇⌇⌇⌇⌇⌇⌇⌇

ACTIVIDAD 11 En pocas palabras

Underline the word that best fits the sentence.

1. (Los/Las) amigos son simpáticos.

2. (El/La) suéter es bonito.

3. (El/La) camiseta es negra.

4. (Los/Las) chicas son trabajadoras.

5. (El/La) maestra es interesante.

ACTIVIDAD 12 Sí y no

Say that each person likes to wear the first item, but not the second one.

modelo: Marcos: (suéter) rojo / negro
<u>Le gusta llevar el suéter rojo pero no le gusta llevar el suéter negro.</u>

1. tú: (camisa) azul / verde

_____

_____

2. yo: (camiseta) anaranjada / amarilla

_____

_____

3. Elena: (vestido) negro / morado

_____

_____

4. Samuel: (chaqueta) bonita / fea

_____

_____

5. yo: (sombrero) negro / blanco

_____

_____

GRAMÁTICA: INDEFINITE ARTICLES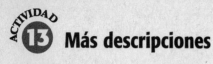

ACTIVIDAD 13 Más descripciones

Complete each short description using the appropriate indefinite article.

1. Ricardo es _____ chico guapo.

2. Isabel es _____ muchacha alta.

3. Jorge y Miguel son _____ estudiantes trabajadores.

4. Marcos y Juana son _____ amigos divertidos.

5. María y Susana son _____ chicas inteligentes.

ACTIVIDAD 14 ¿Qué tienes?

Finish the paragraph by filling in the blanks with the appropriate indefinite article.

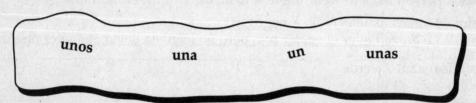

unos   una   un   unas

　　　Para la escuela, me gusta llevar la ropa seria. En general, llevo _____ jeans

con _____ camisa blanca o azul y _____ zapatos negros. Tengo muchas

otras camisas. Tengo _____ camisas que son para las fiestas y otras que no me

gusta llevar mucho. Generalmente, en casa llevo _____ pantalones cortos y

_____ camiseta. Normalmente, no me gusta llevar sombreros, pero tengo

_____ sombrero que me gusta mucho llevar.

ACTIVIDAD 15 ¿Qué llevan hoy?

Say what each person is wearing today.

1. Verónica: camisa rosada _____

2. Jorge: jeans negros _____

3. Raquel: camiseta morada _____

4. Mario: suéter marrón _____

5. maestro(a): calcetines blancos _____

¡En español! **Level 1a**

Unidad 1 Etapa 2

CUADERNO Más práctica

GRAMÁTICA: ADJECTIVES AND GENDER 〰〰〰〰〰〰〰〰〰

ACTIVIDAD 16 ¿Cómo es?

Underline the word that best fits the sentence.

1. Carlos lleva una camisa (blanco/blanca).

2. Eulalia es una estudiante (trabajador/trabajadora).

3. El maestro lleva una chaqueta (negro/negra).

4. Miranda lleva un sombrero (rojo/roja).

5. La doctora es muy (serio/seria).

6. José es (cómico/cómica).

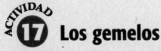

ACTIVIDAD 17 Los gemelos

Write sentences showing that these twins are alike.

modelo: Félix es cómico. (Felícitas) <u>Felícitas es cómica también.</u>

1. Rico es alto. (Rita) _____

2. Jorge es serio. (Josefina) _____

3. Beto es moreno. (Betina) _____

4. Rafael es fuerte. (Raquel) _____

5. Chuy es paciente. (Chela) _____

6. Carlos es trabajador. (Carolina) _____

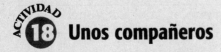

ACTIVIDAD 18 Unos compañeros

Describe two of your friends—one male and one female—in as much detail as you can.

_____

_____

_____

_____

_____

GRAMÁTICA: ADJECTIVES AND NUMBER

ACTIVIDAD 19 Unos amigos

Underline the word that best fits the sentence.

1. Jorge y Rodolfo son (inteligente / inteligentes).

2. Marisela lleva un sombrero (negro / negros).

3. Felipe tiene el pelo (corto / cortos).

4. Erica tiene los ojos (azul / azules).

5. Marta es (pelirroja / pelirrojas).

ACTIVIDAD 20 La ropa

Choose the word that correctly fits into the sentence.

1. La camisa es _____.

2. El vestido es _____.

3. Jorge lleva camisetas _____.

4. Me gusta llevar los jeans _____.

blanca   bonitas   corto   negros

ACTIVIDAD 21 Diferente

Write sentences to show that Daniela is not like her friends.

modelo: amigos [impaciente] / Daniela [paciente]
<u>Los amigos de Daniela son impacientes, pero ella es paciente.</u>

1. amigos [moreno(a)] / Daniela [rubio(a)] _____

_____

2. amigos [alto(a)] / Daniela [bajo(a)] _____

_____

3. amigos [aburrido(a)] / Daniela [interesante] _____

_____

4. amigos [cómico(a)] / Daniela [serio(a)] _____

_____

5. amigos [perezoso(a)] / Daniela [trabajador(a)] _____

_____

ESCUCHAR ⊚⊚⊚⊚⊚⊚⊚⊚⊚⊚⊚⊚⊚⊚⊚⊚⊚⊚⊚

ACTIVIDAD 1 En el parque

Listen to the description and label each person in the picture.

ACTIVIDAD 2 ¿Quiénes son?

Listen to the same passage again, then mark each sentence **C** for **cierto** (true) or **F** for **falso** (false). If the sentence is false, correct it.

1. _____ Pedro está con su abuelo. _____

_____

2. _____ Esteban tiene muchos libros. _____

_____

3. _____ Patricia está con su tía. _____

_____

4. _____ A Dolores le gusta comer. _____

_____

5. _____ A Esteban le gusta leer. _____

_____

Unidad 1
Etapa 3

CUADERNO
Más práctica

ACTIVIDAD 3 La familia de Esteban

Listen to the description of Esteban's family, then underline the word that best fits the sentence.

1. Esteban tiene siete (hermanos/primos).

2. Esteban y su familia viven en (un apartamento/una casa).

3. Esteban vive con sus padres, sus hermanos y su (abuela/tía).

4. A Esteban le gusta (leer/nadar).

5. La abuela es (cómica/aburrida).

6. La casa de Esteban es (grande/pequeña).

7. En la casa de Esteban viven (cinco/seis) mujeres.

ACTIVIDAD 4 ¿Cómo es la familia de Patricia?

Listen to the description of Patricia's family, then write a paragraph describing it.

_____

_____

_____

_____

_____

_____

_____

_____

_____

_____

_____

_____

_____

_____

Unidad 1
Etapa 3

CUADERNO
Más práctica

VOCABULARIO ⟨⟨⟨⟨⟨⟨⟨⟨⟨⟨⟨⟨⟨⟨⟨⟨⟨⟨⟨⟨⟨⟨

ACTIVIDAD 5 La familia

Mark each sentence **C** for **cierto** (true) or **F** for **falso** (false). Correct the false sentences.

1. _____ Los padres de mi padre son mis abuelos. _____

2. _____ Los hermanos de mi madre son mis primos. _____

3. _____ Los hijos de mis tíos son mis hermanos. _____

4. _____ La hermana de mi papá es mi tía. _____

5. _____ El hijo de mi abuelo es mi padre. _____

ACTIVIDAD 6 Mis parientes

Complete the sentences to define who each relative is.

1. Mi primo es el hijo de mi _____.
2. Mi tía es la hermana de mi _____.
3. Mi abuelo es el padre de mi _____.
4. Mi padre es el hijo de mis _____.
5. Mi tío es el padre de mi _____.

ACTIVIDAD 7 Una familia grande

Write out the numbers in this description of a large family.

1. Tengo 17 primos. _____
2. Hay 42 personas en mi familia. _____
3. Mi padre tiene 51 años. _____
4. Mi tía tiene 35 años. _____
5. Mi prima tiene 26 años. _____
6. Mi tío tiene 47 años. _____

ACTIVIDAD 8 ¿Cuántos tienes?

Write sentences to say how many you have of each item.

   modelo: camisas: <u>Tengo doce camisas.</u>

1. camisetas: _____

2. amigos: _____

3. primas: _____

4. jeans: _____

5. abuelos: _____

6. hermanos: _____

ACTIVIDAD 9 Los meses

In what month do these things happen?

1. school starts _____

2. winter begins _____

3. autumn begins _____

4. leap year's extra day _____

5. Halloween _____

6. New Year's Day _____

7. Independence Day in the U.S. _____

8. summer begins _____

9. spring begins _____

10. Thanksgiving _____

Unidad 1 Etapa 3

CUADERNO Más práctica

GRAMÁTICA: THE VERB *tener* ⦾⦾⦾⦾⦾⦾⦾⦾⦾⦾⦾⦾⦾⦾⦾⦾⦾⦾⦾

ACTIVIDAD 10 ¿Cómo son tus amigos?

Marta's pen pal has asked her to describe herself and her friends. Help her finish the note that she will send by circling the correct form of the verb **tener**.

Yo (tienes/tengo) muchos amigos pero mi mejor amiga es Maricarmen. Maricarmen y yo (tenemos/tienen) el pelo largo, pero ella (tiene/tengo) el pelo castaño. Ella y su hermano (tienen/tienes) los ojos verdes. Yo (tiene/tengo) los ojos marrones.

ACTIVIDAD 11 ¿Tienes una familia grande?

The same pen pal wants to know about Marta's extended family. Complete her answer with the correct form of the verb **tener**.

Yo _____ una familia muy grande. Mi papá _____ tres

hermanos y mi mamá _____ dos. Mis tíos favoritos son el tío Fermín y su

esposa la tía Rita. Ellos _____ seis hijos. Mis primos son divertidos y

cómicos. Estela, mi prima favorita, y yo _____ el pelo largo, pero mis otras

primas _____ el pelo corto. Todos mis primos _____ el pelo

corto. Todos nosotros en mi familia _____ los ojos marrones. ¿Y tú?

¿_____ una familia grande?

ACTIVIDAD 12 Unas preguntas personales

Answer these questions using complete sentences.

1. ¿Cuántos años tienes?

_____

2. ¿Cuántos primos tienes?

_____

3. ¿Cuántos hermanos tienes?

_____

4. ¿Cuántos años tienen tus padres?

_____

Unidad 1
Etapa 3

CUADERNO
Más práctica

GRAMÁTICA: EXPRESSING POSSESSION USING *de*

ACTIVIDAD 13 La familia de Leticia

Mark each sentence **C** for **cierto** (true) or **F** for **falso** (false). Correct the false sentences.

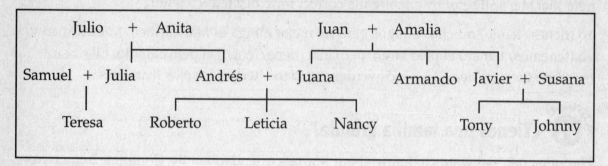

Julio + Anita   Juan + Amalia

Samuel + Julia   Andrés + Juana   Armando   Javier + Susana

Teresa   Roberto   Leticia   Nancy   Tony   Johnny

1. _____ Leticia es la hija de Andrés y Juana.

_____

2. _____ Leticia es la prima de Nancy.

_____

3. _____ Roberto es el hermano de Teresa.

_____

4. _____ Tony es el hijo de Javier y Susana.

_____

5. _____ Javier es el padre de Armando.

_____

ACTIVIDAD 14 Las relaciones familiares

Look at Leticia's family tree and write sentences expressing the relationships between people.

modelo: Julio/Teresa: <u>Julio es el abuelo de Teresa.</u>

1. Teresa/Julia _____

2. Juana/Javier _____

3. Julia/Nancy _____

4. Julia y Samuel/Teresa _____

5. Juan y Julio/Roberto _____

¡En español! Level 1a

GRAMÁTICA: POSSESSIVE ADJECTIVES @@@@@@@@@@@@@

ACTIVIDAD 15 La familia de Teresa

Look at the family tree on the previous page from Teresa's perspective. Mark each sentence **C** for **cierto** (true) or **F** for **falso** (false). Correct the false statements.

1. _____ Andrés es mi tío. _____

2. _____ Roberto es mi hermano. _____

3. _____ Leticia y Nancy son mis primas. _____

4. _____ Julio y Anita son mis abuelos. _____

5. _____ Tony es mi tío. _____

ACTIVIDAD 16 La familia de Tony y Johnny

Look at the same family tree and identify each person in relation to Tony and Johnny. Use the possessive adjective.

1. Roberto es _____.

2. Leticia y Nancy son_____.

3. Javier es _____.

4. Armando y Juana son _____.

5. Juan y Amalia son _____.

6. Susana es _____.

ACTIVIDAD 17 La familia de Leticia

Leticia is describing her family for a class project. Help her complete the description using possessive adjectives.

Mi familia no es muy grande. Roberto y Nancy son _____ hermanos.

Roberto es _____ hermano y Nancy es _____ hermana.

Nosotros no tenemos muchos tíos o primos. _____ padre tiene una

hermana, y _____ madre tiene dos hermanos. _____ tíos son

simpáticos. Me gusta hablar con_____ primos. _____ prima

Teresa es cómica, y _____ primos Tony y Johnny son divertidos.

_____ abuelos tienen tres hijos. Mi madre y mis tíos

son_____ hijos. ¿Y tú? ¿Cómo es _____ familia?

Unidad 1
Etapa 3

CUADERNO
Más práctica

GRAMÁTICA: GIVING DATES 〰〰〰〰〰〰〰〰〰〰〰〰〰〰〰

18 Los cumpleaños

Use the calendar below to complete the sentences about birthdays in Leticia's family.

El calendario de Leticia

ENERO	FEBRERO	MARZO	ABRIL
1 2	1 2 3 4 5 6	1 2 3 4 5 6	1 2 3 (primo Johnny)
3 4 5 6 7 8 9 (Roberto)	7 8 9 10 11 12 13 (abuelo Julio)	7 8 9 10 11 12 13	4 5 6 7 8 9 10
10 11 12 13 14 15 16	14 15 16 17 18 19 20	14 15 16 17 18 19 20	11 12 13 14 15 16 17
17 18 19 20 21 22 23	21 22 23 24 25 26 27	21 22 23 24 (abuela Amalia) 25 26 27	18 19 20 21 22 23 24
24/31 25 26 27 28 29 30	28	28 29 30 31	25 26 27 28 29 30

MAYO	JUNIO	JULIO	AGOSTO
1	1 (papá) 2 3 4 5	1 2 3	1 2 3 4 5 6 7
2 3 4 5 6 7 8	6 7 8 (tía Susana) 9 10 11 12	4 5 6 7 8 9 10 (abuela Anita)	8 9 10 11 12 13 14
9 10 11 12 13 14 15	13 14 15 16 17 18 19	11 12 13 14 15 16 17	15 16 17 18 19 20 21
16 17 18 19 20 21 22 (tío Samuel)	20 21 22 23 24 25 26	18 19 20 21 22 23 24	22 23 24 25 26 27 28 (primo Tony)
23/30 24/31 25 26 27 28 29	27 28 29 30	25 26 27 28 29 30 31	29 30 31

SEPTIEMBRE	OCTUBRE	NOVIEMBRE	DICIEMBRE
1 2 3 4 (tía Julia)	1 2	1 2 3 4 5 6 (prima Teresa)	1 2 3 4 (tío Armando)
5 6 7 8 9 10 11	3 4 5 6 7 8 9	7 8 9 10 11 12 13	5 6 7 8 9 10 11
12 13 14 15 16 17 18 (abuelo Juan)	10 11 12 13 14 15 16 (yo)	14 15 16 17 18 19 20	12 13 14 15 16 17 18
19 20 21 22 23 24 25	17 18 19 20 21 22 23 (tío Javier)	21 22 23 24 25 26 27 (Nancy)	19 20 21 22 23 24 25 (mamá)
26 27 28 29 30	24/31 25 26 27 28 29 30	28 29 30	26 27 28 29 30 31

1. El cumpleaños de su papá es el _____ de junio.

2. El cumpleaños de su hermano Roberto es el _____ de enero.

3. El cumpleaños de su mamá es el veintitrés de _____ .

4. El cumpleaños de su abuela Anita es el diez de _____ .

19 Más cumpleaños

Answer the following questions with complete sentences.

1. ¿Cuándo es tu cumpleaños? _____

2. ¿Cuándo es el cumpleaños de tu mejor amigo(a)? _____

3. ¿Cuándo son los cumpleaños de tres miembros de tu familia? _____

_____

¡En español! Level 1a

Unidad 1 Etapa 3

CUADERNO Más práctica

ESCUCHAR 🌀🌀🌀🌀🌀🌀🌀🌀🌀🌀🌀🌀🌀🌀🌀🌀

Tape 4 · SIDE B
CD 4 · TRACKS 8–13

1 En la clase

Listen to the description of a classroom. Underline the items that the speaker mentions.

una computadora	un escritorio grande
un pizarrón	una impresora
unos libros de matemáticas	diccionarios
mucha tiza	unos borradores

2 ¿Qué tengo?

Use the words in the box to complete the paragraph you hear.

> plumas   inglés   tarea   calculadora
>
> música   mochila   diccionario   libros   cuadernos

En mi _____ tengo muchas cosas para mis clases. Tengo unos

_____ y mucho papel. También tengo lápices, muchas _____ y

tres _____ de texto. Tengo mi _____ en un cuaderno azul. Para

la clase de matemáticas, tengo una _____ pequeña. Para la clase de

_____, tengo un _____ bilingüe. Tengo cosas para las clases de

arte y _____ en mi mochila también.

3 Muchos problemas

Listen to the passage and write the name of the person who has each problem.

1. No tiene su mochila. _____

2. No hay papel en su cuaderno. _____

3. Llega tarde a clase. _____

4. Su tarea está en casa. _____

5. No tiene lápiz. _____

6. Saca una mala nota en un examen. _____

Nombre _____ Clase _____ Fecha _____

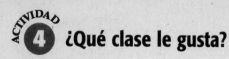

ACTIVIDAD 4 ¿Qué clase le gusta?

As each person talks, write the class in the box that he or she probably likes best.

> estudios sociales   música   arte   español   ciencias   inglés
> computación   matemáticas   literatura   educación física   historia

1. _____
2. _____
3. _____
4. _____
5. _____
6. _____

ACTIVIDAD 5 ¿Qué cosas necesita?

As each person talks, write the item in the box that he or she probably needs.

> escritorio   lápiz   tiza   mochila   computadora   papel   pluma
> calculadora   diccionario   impresora   libro de texto   borrador

1. _____
2. _____
3. _____
4. _____
5. _____
6. _____

ACTIVIDAD 6 ¿Quién es y de qué habla?

As you listen, identify each speaker as a student or a teacher. Then, write a sentence stating what he or she is talking about.

modelo: Es estudiante. Habla de sus amigos.

1. _____
2. _____
3. _____
4. _____

¡En español! Level 1a

VOCABULARIO ⌾⌾⌾⌾⌾⌾⌾⌾⌾⌾⌾⌾⌾⌾⌾⌾⌾⌾⌾⌾⌾⌾⌾⌾⌾⌾⌾⌾

ACTIVIDAD 7 Unas cosas en la clase

Underline the word that best completes each sentence.

1. La maestra usa (lápiz/tiza) para escribir en el pizarrón.

2. El maestro escribe en el pizarrón, pero los estudiantes escriben en (pluma/papel).

3. Necesitamos papel para la (pantalla/impresora).

4. El maestro tiene sus papeles en el (escritorio/teclado).

5. La estudiante tiene sus libros en (la mochila/el cuaderno).

ACTIVIDAD 8 La mochila de Ricardo

List the items in and around Ricardo's backpack.

_____
_____
_____
_____
_____
_____

ACTIVIDAD 9 ¡Soy buen estudiante!

Use the words in the box to complete the sentences.

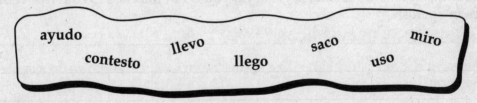

ayudo   llevo   miro
contesto   llego   saco   uso

1. En clase, _____ muchas preguntas.

2. En general, _____ jeans y una camiseta a la escuela.

3. No _____ la televisión si hay examen mañana.

4. Si estudio mucho, _____ buenas notas.

5. _____ la computadora para buscar información en Internet.

Nombre _____ Clase _____ Fecha _____

ACTIVIDAD 10 Cosas para las clases

List two or three items you might need for each class.

1. matemáticas _____

2. español _____

3. arte _____

4. ciencias _____

5. estudios sociales _____

6. literatura _____

ACTIVIDAD 11 ¿Qué clase es...?

Write the name of a class that fits each description in your opinion.

1. interesante: _____

2. aburrida: _____

3. importante: _____

4. difícil: _____

5. fácil: _____

6. mi favorita: _____

ACTIVIDAD 12 Mi clase favorita

Describe your favorite class. What is it like? What do you use in the class? What are the teacher and the other students like? What do you do in the class? Write five complete sentences in Spanish.

_____

_____

_____

_____

_____

_____

_____

_____

GRAMÁTICA: PRESENT TENSE OF -ar VERBS ◎◎◎◎◎◎◎

ACTIVIDAD 13 En la escuela

Mark each sentence **C** for **cierto** (true) or **F** for **falso** (false).

_____ **1.** Los profesores ayudan a los estudiantes.

_____ **2.** Los estudiantes no miran el pizarrón.

_____ **3.** Los estudiantes no necesitan lápices.

_____ **4.** Los profesores contestan las preguntas de los estudiantes.

_____ **5.** Los estudiantes enseñan a los profesores.

_____ **6.** Los estudiantes llevan sus libros a clase.

ACTIVIDAD 14 Mis compañeros

Underline the verb form that correctly completes each sentence.

1. Miguel (necesito/necesita) papel.

2. Ignacio y Estela (esperan/esperamos) al profesor.

3. Yo (llega/llego) tarde a la clase.

4. Usted (llevo/lleva) una mochila azul.

5. Sarita y yo (preparan/preparamos) la lección.

6. Tú (contesta/contestas) preguntas en la clase.

ACTIVIDAD 15 Nuestros maestros

Complete each sentence with the correct form of the verb in parentheses.

1. El profesor Ramírez (enseñar) _____ inglés.

2. La señorita Jones (preparar) _____ lecciones interesantes.

3. La profesora y yo (entrar) _____ en la clase.

4. Los profesores de ciencias (llevar) _____ chaquetas blancas en el laboratorio.

5. Yo (necesitar) _____ hablar con el maestro ahora.

Nombre _____ Clase _____ Fecha _____

GRAMÁTICA: PRESENT TENSE OF -ar VERBS

ACTIVIDAD 16 Nosotros y las clases

Write five sentences that include at least one word from each box. Be sure to add anything else you need to your sentences. Follow the model.

yo	Isabel		contestar	buscar		en la clase	tarde
nosotros	tú		llevar	llegar		el examen	una mochila
la profesora	usted		entrar	usar		preguntas	ciencias

modelo: La profesora no lleva jeans en la clase.

1. _____

2. _____

3. _____

4. _____

5. _____

ACTIVIDAD 17 ¿Qué hacemos?

Write complete sentences based on the words given. Be sure to add anything else you need to your sentences. Follow the model.

modelo: Susana / estudiar Susana no estudia inglés este semestre.

1. Juan / preparar _____

2. yo / buscar _____

3. tú / ayudar _____

4. tú y María / necesitar _____

5. Ricardo y yo / mirar _____

ACTIVIDAD 18 ¿Qué haces tú?

Write three sentences about what you do and don't do in a usual day.

_____

_____

_____

¡En español! Level 1a

GRAMÁTICA: ADVERBS OF FREQUENCY

ACTIVIDAD 19 ¿Siempre?

Mark each sentence **C** for **cierto** (true) or **F** for **falso** (false). Correct the false sentences.

_____ **1.** Siempre llevo mis libros a clase. _____

_____ **2.** Nunca contesto preguntas. _____

_____ **3.** Estudio poco. _____

_____ **4.** Uso la computadora a veces. _____

_____ **5.** Rara vez llego tarde a clase. _____

ACTIVIDAD 20 ¿Con qué frecuencia?

Write how often you do the following activities.

1. Estudio con mis amigos. _____

2. Hablo español en la clase de español. _____

3. Miro la televisión. _____

4. Ayudo a mis padres. _____

5. Saco buenas notas. _____

ACTIVIDAD 21 ¿Qué haces…?

Write an activity that you do for each frequency given. Follow the model.

> **modelo:** siempre <u>Siempre hablo en clase.</u>

1. a veces: _____

2. mucho: _____

3. nunca: _____

4. poco: _____

5. siempre: _____

6. todos los días: _____

GRAMÁTICA: *hay que* AND *tener que* ⊙⊙⊙⊙⊙⊙⊙⊙⊙⊙⊙⊙ ●

ACTIVIDAD 22 En la escuela

Mark each sentence **C** for **cierto** (true) or **F** for **falso** (false). Correct the false sentences.

_____ **1.** Los profesores tienen que enseñar bien. _____

_____

_____ **2.** Hay que llegar tarde a clase. _____

_____

_____ **3.** Tengo que usar una calculadora en todas mis clases. _____

_____

_____ **4.** Un buen estudiante tiene que mirar la televisión con frecuencia.

_____

ACTIVIDAD 23 Tenemos que hacer muchas cosas

Complete each sentence with the correct form of **tener**.

1. Ignacio _____ que preparar la tarea.

2. Ustedes _____ que estudiar mucho.

3. Yo _____ que ir a la clase de matemáticas.

4. Mis compañeros y yo _____ que contestar muchas preguntas.

ACTIVIDAD 24 Tengo que estudiar

Write what you would have to do in order to do well in each class listed below.

   modelo: español <u>Tengo que estudiar mucho.</u>

1. música _____

2. inglés _____

3. matemáticas _____

4. español _____

5. ciencias _____

6. educación física _____

7. arte _____

¡En español! **Level 1a**

ESCUCHAR 〰〰〰〰〰〰〰〰〰〰〰〰〰〰

ACTIVIDAD 1 Una amiga

Listen to Maricarmen's story and complete the paragraph using words from the box.

> difíciles amiga fáciles simpático
> sociales biología interesantes

Hola. Me llamo Maricarmen. Soy _____ de Isabel y Ricardo. Me gusta nuestra escuela. Las clases no son _____, pero son _____. Hay mucha tarea y hay exámenes _____. Yo tengo cinco clases. Ahora tengo matemáticas, estudios _____, ciencias, inglés y computación. Mi materia favorita es el inglés. El profesor es _____ y muy interesante.

ACTIVIDAD 2 Un amigo

Listen carefully as Miguel tells you about himself. While you're listening, fill in the missing words in the paragraph.

¿Qué tal, amigos? Soy Miguel. Tengo _____ años y soy estudiante. No me gusta mucho _____. En la _____ me gusta hablar con mis compañeros y _____ con ellos. Mis amigos y yo hablamos en el patio o en la _____.

ACTIVIDAD 3 Un profesor

Listen to Mr. Rodríguez tell you about himself and his students. Mark each sentence **C** for **cierto** (true) or **F** for **falso** (false).

_____ 1. El Sr. Rodríguez es profesor de matemáticas y computación en la escuela.

_____ 2. El Sr. Rodríguez enseña tres clases al día.

_____ 3. Los estudiantes del Sr. Rodríguez son inteligentes y trabajadores.

_____ 4. Al Sr. Rodríguez no le gusta trabajar.

ACTIVIDAD 4 ¿Quién es?

Listen carefully as Marisa tells you about her day. Write the name of the person who matches each description below.

1. Tiene clases con Julio. ¿Quién es? _____

2. No tiene su mochila. ¿Quién es? _____

3. Tiene que correr para llegar a la clase de inglés. ¿Quién es? _____

4. Va a la biblioteca. ¿Quién es? _____

5. No tiene la tarea. ¿Quién es? _____

ACTIVIDAD 5 Rita y Gregorio

Listen to Rita's story and answer the questions below.

1. Gregorio es el amigo de Rita. ¿Es inteligente Gregorio? _____

2. ¿Tienen un examen en la clase de computación? _____

   _____

3. ¿Rita y Gregorio no tienen el mismo horario o no tienen la misma clase?

   _____

4. ¿Cuándo tiene Rita la lección de piano? _____

ACTIVIDAD 6 Un estudiante

Listen to Tomás talk about what he likes to do, and answer the questions below.

1. ¿Qué le gusta practicar? _____

2. ¿Dónde practica los sábados? _____

   _____

3. ¿Cuándo practica en el parque? _____

4. ¿Cuál es su clase favorita? _____

5. ¿Cuándo practica el fútbol? _____

   _____

VOCABULARIO @@@@@@@@@@@@@@@@@@@@@@@@@@@@@@@

ACTIVIDAD 7 Lugares de la escuela

Underline the item that best completes each sentence.

1. Todos los profesores trabajan en (su oficina/el auditorio).

2. Mi amigo y yo tomamos la merienda en (la cafetería/el gimnasio).

3. Para la educación física, Sara y yo vamos (al gimnasio/a la biblioteca).

4. La clase de teatro está en (la oficina/el auditorio).

5. Ustedes buscan libros interesantes en (la biblioteca/el auditorio).

ACTIVIDAD 8 ¿Qué pasa en la escuela?

Answer these questions. If you answer "No," correct the idea in the question.

1. ¿Toman una merienda los estudiantes en la oficina? _____

_____

2. ¿Enseñan los profesores en la clase? _____

_____

3. ¿Compran los estudiantes el almuerzo en la cafetería o en el auditorio? _____

_____

4. ¿Preparan los profesores sus lecciones en el gimnasio o en la oficina? _____

_____

5. ¿Usan los profesores y los estudiantes la computadora en el gimnasio? _____

_____

ACTIVIDAD 9 ¿Dónde?

Complete each sentence with a location.

1. Todos los estudiantes descansan en _____.

2. Luisa, Eva y yo tomamos el almuerzo en _____.

3. Los profesores de matemáticas no trabajan en _____.

4. Me gusta correr en _____.

5. Todos siempre escuchan a la profesora en _____.

ACTIVIDAD 10 ¿Qué hacemos en la escuela?

Write five sentences that include at least one word from each of the boxes. Be sure to conjugate the verbs correctly and add what you need to your sentences to make them complete.

Isabel	usted
ustedes	tú
María y yo	yo

terminar	tomar
buscar	descansar
visitar	comprar
trabajar	

biblioteca	gimnasio
oficina	clase
casa	cafetería

modelo: <u>Isabel no compra el almuerzo en la biblioteca.</u>

_____

_____

_____

_____

_____

ACTIVIDAD 11 Preguntas personales

Answer each question with a complete sentence in Spanish.

1. ¿Te gusta más comer fruta o hamburguesas? _____

_____

2. Generalmente, ¿dónde estudias? _____

_____

3. ¿Qué te gusta hacer durante el receso? _____

_____

4. ¿Quién es tu actor favorito? _____

_____

5. ¿Cómo es tu horario este semestre? _____

_____

¡En español! Level 1a

GRAMÁTICA: THE VERB *ir*

ACTIVIDAD 12 ¡Vamos!

Mark each sentence **C** for **cierto** (true) or **F** for **falso** (false).

_____ 1. Si necesito comer, voy a la cafetería y compro una merienda.

_____ 2. Para la clase de educación física, Ricardo y Julia van a la oficina del profesor.

_____ 3. Si necesitan hablar con la profesora de literatura, los estudiantes van al gimnasio.

_____ 4. Para estudiar o buscar libros, Simón y yo vamos a la biblioteca.

_____ 5. Si tienes que hacer un experimento para la clase de ciencias, vas al laboratorio.

ACTIVIDAD 13 ¿Adónde van?

Underline the verb form that best completes each item.

1. De vez en cuando yo (voy/van) al gimnasio con mis amigos.

2. Para comer, ¿(va/vas) tú a la cafetería o a un restaurante mexicano?

3. ¿(Vamos/Van) ustedes a la clase?

4. Mi hermano y yo (vamos/van) a Oaxaca para visitar a nuestra abuela.

5. Rafael (vas/va) a la casa de su amigo para mirar la televisión.

6. El maestro tiene cita con un estudiante, por eso él (vas/va) a la oficina.

ACTIVIDAD 14 ¿Adónde vamos?

According to each situation, write the name of a location where each person would go.

1. Juan tiene que estudiar para un examen de historia. _____

2. ¡Qué clase más difícil! Yo necesito descansar. _____

3. María y Sofía van a buscar unos libros interesantes. _____

4. La profesora de computación tiene que enseñar ahora. _____

5. Ustedes tienen que ir a la clase de educación física hoy. _____

6. Mis amigos y yo vamos a tomar la merienda. _____

GRAMÁTICA: TELLING TIME 🌀🌀🌀🌀🌀🌀🌀🌀🌀🌀🌀🌀🌀🌀🌀🌀

ACTIVIDAD 15 ¿Cuándo son las clases?

Use the schedule below to complete the sentences about José Ricardo's schedule.

1. José Ricardo tiene inglés los lunes, _____ y viernes a la _____ de la tarde.

2. José Ricardo tiene arte los martes y _____ a las _____ de la tarde.

3. José Ricardo tiene historia los lunes, miércoles y _____ a las _____ de la tarde.

4. José Ricardo tiene matemáticas los _____ y jueves a la _____ de la tarde.

HORARIO

Nombre: Medrano Zúñiga, José Ricardo   **Clase:** 3–A   **Año escolar:** _____

Hora	lunes	martes	miércoles	jueves	viernes	sábado	domingo
1 :00 :30	inglés	libre / matemáticas	inglés	libre / matemáticas	inglés		
2 :00 :30	ciencias	estudios soc.	ciencias	estudios soc.	ciencias		
3 :00 :30	receso / historia	receso	receso / historia	receso	receso / historia	guitarra	
4 :00 :30		arte		arte			
5 :00 :30	fotografía		libre		libre		
6 :00 :30		fútbol		fútbol			

ACTIVIDAD 16 ¿Cuándo son las otras actividades?

Look at José Ricardo's schedule. When does he do each of these activities?

1. lección de música _____

2. receso _____
   _____

3. fútbol _____

4. club de fotografía _____

¡En español! Level 1a

GRAMÁTICA: THE VERB *estar*

@@@@@@@@@@@@@@@@

ACTIVIDAD 17 ¿Dónde están?

Underline the verb form that best completes each sentence.

1. Los profesores de inglés (estamos/**están**) en su oficina a las siete y media.

2. Usted nunca (estamos/**está**) en el gimnasio a las seis y media.

3. Luis y yo (**estamos**/están) en la biblioteca a las ocho para buscar libros.

4. ¿(Está/**Estás**) tú en el laboratorio a la una y media todos los días?

5. A las nueve y media de la noche, yo (**estoy**/está) en casa con mis padres.

ACTIVIDAD 18 A las tres de la tarde

Complete each sentence with the correct form of **estar** to say where everybody is at 3 P.M. Don't forget to write accent marks where necessary.

1. Dolores, Juan Roberto y Luisa _____ en el patio con sus amigos.

2. Yo _____ en casa con mi hermano menor y nuestros perros.

3. Tú _____ en el laboratorio para hacer un experimento nuevo.

4. Usted _____ en la cafetería con su primo pelirrojo.

5. Mis padres y yo _____ en el apartamento de mis tíos.

ACTIVIDAD 19 Estamos en...

For each sentence, write the place where each person probably is. Follow the model. Be sure to use the correct form of the verb in your sentences.

   modelo: Estoy en la clase de educación física. <u>Estoy en el gimnasio.</u>

1. Busco libros para una composición que tengo que escribir. _____

   _____

2. Mi familia y yo hablamos toda la tarde. _____

3. Miras la televisión con tus abuelos. _____

4. Mario usa la computadora. _____

5. La señora Ramírez prepara una merienda para los estudiantes. _____

   _____

GRAMÁTICA: INTERROGATIVE WORDS ⊚⊚⊚⊚⊚⊚⊚⊚⊚⊚⊚⊚

 **¿Cómo?**

Underline the interrogative word that best completes the following questions.

1. Federico, ¿(a qué hora/por qué) es la clase de estudios sociales?

2. ¿(Quién/Cómo) está en la cafetería con Verónica? ¿Es su primo Carlos?

3. ¿(Qué/Por qué) vas al gimnasio ahora?

4. ¿(Cómo/Cuándo) es el nuevo profesor de matemáticas?

5. ¿(Qué/Dónde) buscas en la biblioteca? ¿Unos libros para tu composición?

ACTIVIDAD 21 ¿Qué o cuál?

Complete each question with **qué, cuál,** or **cuáles.**

1. ¿_____ son los libros más importantes que tengo que usar?

2. ¿_____ es la fecha?

3. ¿_____ libros necesitas para tu reporte? ¿Están en la biblioteca?

4. ¿_____ de mis fotos quieres usar en tu presentación?

5. ¿_____ mapa de Venezuela va a usar la profesora en la clase?

6. ¿Para _____ clase escribes el reporte?

ACTIVIDAD 22 La pregunta es...

What question would you ask to get the following responses? Write a question for each answer. Remember to use accent marks and question marks.

1. Q:_____ A: Ricardo está en el auditorio.

2. Q:_____ A: Vamos a casa.

3. Q:_____ A: Me gusta más la clase de historia.

4. Q:_____ A: El profesor Martínez enseña música.

5. Q:_____ A: Las estudiantes son simpáticas.

ESCUCHAR 〰〰〰〰〰〰〰〰〰〰〰〰〰〰〰〰

ACTIVIDAD 1 Un día ocupado

Listen as Miguel tells you about his day. Decide if he goes to the places and has to do the things listed below. Write **Sí** or **No** next to each sentence.

_____ **1.** Va al parque.

_____ **2.** Va al museo.

_____ **3.** Va al gimnasio.

_____ **4.** Tiene que leer.

_____ **5.** Tiene que escribir.

_____ **6.** Tiene que comer.

ACTIVIDAD 2 Mis actividades favoritas

Listen to Laura tell you about her activities. Underline each activity that Laura likes to do.

leer libros   pasear

cantar con los amigos   ver la televisión

hacer ejercicio   escribir poemas

tocar el piano   tomar una merienda

ACTIVIDAD 3 Después de clases

Listen to the students tell you what they want to do. Answer the questions by writing the name of the person who wants to do to each activity.

1. ¿Quién quiere ver la televisión y comer?_____

2. ¿Quién quiere ir al museo?_____

3. ¿Quién quiere andar en bicicleta?_____

4. ¿Quién quiere ir al parque para caminar con el perro?_____

Unidad 2
Etapa 3
CUADERNO
Más práctica

ACTIVIDAD 4 Muchos lugares

Listen as Rafael tells you about where he goes during a typical week. Give each item a number 1–9 to show the order in which he mentions each place.

_____ el museo   _____ el parque   _____ la tienda

_____ el teatro   _____ la biblioteca   _____ la escuela

_____ la plaza   _____ el gimnasio   _____ la cafetería

ACTIVIDAD 5 ¿De qué hablan?

Listen to the following students tell you about different things. What is each person talking about? In Spanish, explain in a few words what each person is talking about.

1. _____

2. _____

3. _____

4. _____

5. _____

6. _____

ACTIVIDAD 6 Quiero ir, pero...

Listen as these people tell you about their day. In Spanish, write what each person has to do.

1. _____

_____

2. _____

_____

3. _____

_____

4. _____

_____

Unidad 2
Etapa 3

CUADERNO
Más práctica

VOCABULARIO 𝕮𝕮𝕮𝕮𝕮𝕮𝕮𝕮𝕮𝕮𝕮𝕮𝕮𝕮𝕮𝕮𝕮𝕮𝕮𝕮𝕮𝕮

ACTIVIDAD 7 ¿Qué hace?

Based on what you read about each person, underline the activity that you think each person would probably prefer.

1. A Margarita le gusta mucho la música. ¿Toca la guitarra o va al museo?

2. Héctor es un muchacho muy activo. ¿Ve la televisión o anda en bicicleta?

3. A Paula le gusta pasar un rato con los amigos. ¿Lee un poema o pasea por el parque?

4. Ana tiene que cuidar a su hermano en casa. ¿Ve la televisión o va al parque?

5. Juana es muy intelectual y le gusta aprender cosas nuevas. ¿Va al museo o patina en el parque?

6. A Pablo le gusta caminar con el perro. ¿Va al parque o pinta en casa?

ACTIVIDAD 8 ¿Por qué?

Miguelito has a lot of questions! Match the answer to each of his questions.

_____ 1. ¿Por qué vas al supermercado?

_____ 2. ¿Por qué corres y andas en bicicleta?

_____ 3. ¿Por qué vas a la tienda de ropa?

_____ 4. ¿Por qué preparas la cena?

_____ 5. ¿Por qué bebes agua?

_____ 6. ¿Por qué pintas?

a. Tengo que comprar una camisa nueva.

b. Quiero comprar comida.

c. Tengo sed.

d. Necesito hacer ejercicio.

e. Me gusta el arte.

f. Tengo hambre.

ACTIVIDAD 9 ¿Dónde?

Match each place to the activities you might do there.

_____ 1. el parque

_____ 2. el supermercado

_____ 3. el museo

_____ 4. el teatro

_____ 5. la cafetería

_____ 6. el gimnasio

a. ver arte y aprender de la antropología

b. hacer ejercicio y nadar

c. comer una merienda y hablar con los amigos

d. comprar comida

e. ver plantas y animales, caminar con el perro y correr

f. ver presentaciones y escenas interesantes

Unidad 2, Etapa 3 · CUADERNO Más práctica

ACTIVIDAD 10 ¿Y tú?

Answer each question in a complete sentence in Spanish. Be sure to use the correct verb form in your answers.

1. ¿Dónde vives? ¿En una casa o en un apartamento? _____
_____

2. ¿Ves la televisión con frecuencia? ¿Qué te gusta ver? _____
_____

3. ¿Recibes muchas cartas? ¿Mandas muchas cartas también? _____
_____

4. ¿Venden comida en tu escuela? ¿Dónde? ¿Qué tipo de comida? _____
_____

5. ¿En qué clase aprendes más? ¿Por qué? _____
_____

ACTIVIDAD 11 Muchos animales

Complete the description of Mario and María and their pets.

1. Mario y María tienen tres _____, cuatro _____, dos

_____, seis_____ y una iguana.

2. Los perros tienen _____. Necesitan _____.

3. Los gatos tienen _____. Necesitan _____.

4. Y tú, ¿tienes animales en tu casa? ¿Cuáles? ¿Cómo son? _____
_____

GRAMÁTICA: *Ir a* + INFINITIVE   ꙮꙮꙮꙮꙮꙮꙮꙮꙮꙮꙮꙮꙮ

12 ¿Qué vas a hacer después de clase?

Change the verb to say what everyone is going to do. Follow the model.

modelo: Pablo toma un refresco: Pablo <u>va a tomar</u> un refresco.

1. Yo espero en la cafetería: Yo _____ en la cafetería.

2. Tú compras una chaqueta nueva: Tú _____ una chaqueta nueva.

3. Ana y yo estudiamos en la biblioteca: Ana y yo _____ en la biblioteca.

4. Beto y Elena tocan la guitarra: Beto y Elena _____ la guitarra.

5. Usted habla con sus abuelos: Usted _____ con sus abuelos.

13 ¡Muchas responsabilidades!

Use the items given to create sentences that tell what everybody is going to do after school. Follow the model.

modelo: Isabel / cuidar / los niños <u>Isabel va a cuidar a los niños.</u>

1. Ricardo / caminar / perro / parque _____

_____

2. usted / tocar / piano _____

_____

3. Eusebio y Julia / hacer ejercicio / gimnasio _____

_____

4. yo / mandar / carta _____

_____

5. nosotros / ver / muchos animales / parque _____

_____

GRÁMATICA: PRESENT TENSE OF -er AND -ir VERBS ᄋᄋᄋ

ACTIVIDAD 14 En el parque

Underline the verb form that best completes each sentence.

1. Nosotros (vendemos/venden) ropa elegante en la tienda.

2. Yo (ve/veo) a mis amigos en el parque los domingos.

3. Tú siempre (bebe/bebes) mucha agua.

4. Mi amigo Raúl (comes/come) una hamburguesa y unas papas fritas.

5. Muchos animales diferentes (viven/vivimos) en el parque.

ACTIVIDAD 15 En casa

Read the following sentences about Raquel's family. Complete each sentence with the correct form of the verb given in parentheses.

1. Yo (leer) _____ una revista nueva.

2. Mis hermanos (compartir)_____ una torta para la merienda.

3. Mi padre (recibir)_____ muchos periódicos.

4. Mi amigo y yo no (ver) _____ la televisión.

5. Mi hermana (aprender) _____ a tocar el piano.

ACTIVIDAD 16 Roberto y yo

Use the verbs in the box to complete the sentences.

| lee | recibe | comprendo | come | bebe | escribo | leo |

1. En la cafetería, Roberto _____ un sándwich y _____ un refresco.

2. Ernesto nunca _____ las lecciones para la clase de historia. Siempre _____ malas notas.

3. Para mí, la clase de inglés es difícil. Yo _____ las lecciones y _____ los ejercicios, pero no _____ cuando el profesor habla rápido.

¡En español! Level 1a

Unidad 2
Etapa 3

CUADERNO
Más práctica

GRAMÁTICA: IRREGULAR *yo* FORMS

ACTIVIDAD 17 En la escuela

Underline the verb form that best completes each sentence.

1. ¿(Conoce/Conozco) usted al profesor Sánchez?

2. ¿(Haces/Hacen) tú la tarea de español? Para mí la tarea es difícil.

3. La biblioteca (recibe/recibes) muchas revistas interesantes.

4. Yo (conoce/conozco) a la señora García. Es mi profesora de arte.

5. Elena y María (abrimos/abren) la tienda de ropa y (vendes/venden) ropa bonita allí.

6. Yo (hace/hago) ejercicio en el gimnasio los sábados por la mañana.

ACTIVIDAD 18 Hacemos mucha tarea

In the first blank, write the correct form of **hacer.** In the second blank, conjugate the verb in parentheses.

1. Ricardo _____ la tarea de español. Él (leer) _____ una novela de Carlos Fuentes.

2. Yo _____ la tarea de matemáticas. Yo (escribir) _____ la tarea en mi cuaderno.

3. Tú _____ la tarea de estudios sociales. ¿(Recibir) _____ tú buenas notas en la clase?

4. Usted _____ la tarea de ciencias. Usted (ver) _____ un video sobre elefantes y tigres.

5. Julia y Ángela _____ ejercicio. Ellas (correr) _____ en el parque.

6. Rafael, Martina y yo _____ la tarea de literatura. Nosotros (aprender) _____ de los poemas de Federico García Lorca.

Unidad 2
Etapa 3
CUADERNO
Más práctica

¡En español! Level 1a

GRAMÁTICA: USING THE VERB *oír*

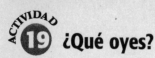

19 **¿Qué oyes?**

Underline the form of **oír** that best completes each sentence.

1. Paula y yo (oyen / oímos) música clásica en el auditorio.
2. Pepe y Bárbara (oyen / oímos) al profesor en la clase.
3. Yo (oye / oigo) el perro en la calle.
4. Tú (oye / oyes) el teléfono en la oficina.
5. José (oye / oyes) el gato en la casa.

20 **¡Oye!**

Hortensia has a lot of questions! Complete each question with the correct form of **oír**.

1. ¿_____ tú el pájaro?
2. ¿_____ ustedes los perros y los gatos?
3. ¿_____ mi papá siempre su programa favorito en la radio?
4. ¿_____ Rico y yo a nuestros padres?
5. ¿Por qué no _____ yo todo en la clase a veces?

21 **Una tarde en el parque**

It's a fantastic Saturday afternoon in the park! Describe the park scene in as much detail as you can. Use the verbs **oír, hacer,** and **conocer.**

_____

_____

_____

_____

_____

_____

_____

Unidad 2 Etapa 3

CUADERNO Más práctica

ESCUCHAR ⌜⌜⌜⌜⌜⌜⌜⌜⌜⌜⌜⌜⌜⌜⌜⌜⌜⌜⌜⌜⌜⌜⌜⌜

ACTIVIDAD 1 Emociones y actividades

For whom is each of the following sentences true, Miguel or Marta?

1. Si está triste, quiere estar solo(a). _____

2. Si está contento(a), le gusta pasar un rato con los amigos en el parque. _____

3. Si está triste, va con los amigos a un lugar interesante. _____

4. Si está enojado(a), necesita hablar con los amigos y la familia. _____

5. Si está enojado(a), corre o practica el tenis. _____

ACTIVIDAD 2 El tiempo libre

Listen to the speaker and underline each thing that she says she likes to do.

hablar y comer con los amigos

leer novelas

alquilar un video

ir al cine

ver la televisión

practicar deportes

ACTIVIDAD 3 Pasar el rato

Use the words in the box to complete the paragraphs you hear.

> física   practico   emocionado   cómicos
> cine   estudiantes   nunca

A mí me gusta ir al _____ y también ver la televisión. Está bien mirar

televisión con la familia y con los amigos si los programas son _____, pero

no me gusta ver programas tristes. Me gusta ver y practicar deportes, sobre todo el

béisbol. _____ el béisbol casi todos los días, y voy al estadio para ver

deportes profesionales. En el estadio siempre estoy muy _____.

Me gusta ir a la escuela también. Los otros _____ son simpáticos y los

profesores son interesantes. La única clase que no me gusta es educación

_____, porque _____ practicamos el béisbol.

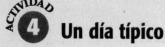

ACTIVIDAD 4 Un día típico

Listen to the speaker and say when she is or feels each of the following.

1. ocupada _____

2. cansada _____

3. más alegre _____

4. deprimida _____

5. nerviosa _____

6. tranquila _____

ACTIVIDAD 5 ¿De dónde vienen?

The members of the student council have just arrived for the council meeting. Listen as they say where they have been and what they have been doing. Then fill out the chart with the correct information.

	Billy	Ramona	Miguel	Leonor
¿De dónde viene?				
¿Qué es lo que acaba de hacer?				

ACTIVIDAD 6 Por teléfono

Listen as two people discuss what they like to do. Then imagine that you want to call one of them to invite him somewhere. Base your invitation on what the person says he likes to do. Write your conversation on the lines provided.

_____

_____

_____

_____

_____

_____

¡En español! **Level 1a**

Nombre _____ Clase _____ Fecha _____

VOCABULARIO ⊙⊙⊙⊙⊙⊙⊙⊙⊙⊙⊙⊙⊙⊙⊙⊙⊙⊙⊙⊙⊙⊙⊙⊙⊙⊙

 ¡Qué emoción!

The students have just received their grades. Match each person to his or her emotion. Each answer will be used only once.

_____ **1.** Está triste.

_____ **2.** Está preocupado(a).

_____ **3.** Está tranquilo(a).

_____ **4.** Está emocionado(a).

_____ **5.** Está enojado(a).

_____ **6.** Está contento(a).

8 **¿Qué vamos a hacer?**

Select the phrase from the word box that best fits each sentence. Each phrase will be used only once.

> a alquilar un video   al cine   a practicar deportes   al concierto   de compras

1. Quiero ver una película con Cary Grant. Vamos a la tienda de videos_____

_____.

2. Mi hermana y yo queremos tener más energía. Vamos todos los días al gimnasio

_____.

3. ¿Te gustaría ver una película nueva? ¿Quieres acompañarme _____?

4. Necesito ropa nueva para llevar a la escuela. Vamos _____.

5. ¿Te gusta la música de Lucero? Vamos_____ el sábado. Te invito.

ACTIVIDAD 9 El mundo del teléfono

Label the items in the drawing on the lines provided.

ACTIVIDAD 10 La máquina contestadora

María Antonieta's answering machine is acting up. Help her get her messages by filling in the blanks in the messages she received.

—Buenos días, María Antonieta, llama Angélica. Gracias por invitarme a ver a los

niños el jueves, pero _____

_____

—Hola, María Antonieta, llama Berta. ¿Quieres _____ al

_____ ?

—Buenas tardes, señora. Soy Rafa. Quiero _____ mensaje para su hijo.

Dígale que _____, por favor. Gracias.

¡En español! Level 1a

GRAMÁTICA: *estar* AND ADJECTIVES @@@@@@@@@@@@@@

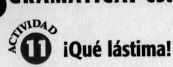 **¡Qué lástima!**

Underline the word that best completes the sentence.

1. Estoy (nervioso / contento) si hay un examen difícil.

2. Después de trabajar todo el día, estoy (emocionado / cansado).

3. Si mi hermanita lleva mi suéter favorito, estoy (enferma / enojada).

4. Si no veo a mis amigos por mucho tiempo, estoy (triste / alegre).

5. Hoy no voy a clase porque estoy (tranquilo / enfermo).

ACTIVIDAD 12 **¡Qué emoción!**

Say how the people might feel in the following situations.

> **modelo:** La familia de Carolina va a vivir en una ciudad donde ella no tiene
> amigos. <u>Está triste y nerviosa.</u>

1. Marco no viene al concierto, tiene que estudiar. _____

2. Susana saca buenas notas en los exámenes. _____

3. No tenemos tarea hoy. _____

4. Mi amigo no viene al cine. _____

5. Vamos a casa a ver la televisión y oír música. _____

ACTIVIDAD 13 **Estoy contento cuando...**

Choose three emotions from the word box and describe a situation in which you might
feel each emotion.

> **modelo:** Estoy tranquila después de un examen.

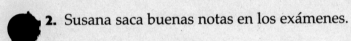

enojado(a)   contento(a)   ocupado(a)   tranquilo(a)   preocupado(a)   emocionado(a)

_____

_____

_____

Nombre ______________________ Clase ______________________ Fecha ______________________

GRAMÁTICA: *acabar de*

ACTIVIDAD 14 ¿Qué hacen?

In each sentence below, underline the word that best describes the picture.

1. Luisa (canta / acaba de cantar).
2. Marta (quiere beber / acaba de beber).
3. Benita (quiere comer / acaba de comer).
4. Sara (quiere comer / acaba de comer).
5. Anita y Aurelio (bailan / acaban de bailar).
6. Richard (bebe / acaba de beber).

ACTIVIDAD 15 Acabamos de...

Use **acabar de** to say what each person has just done.

modelo: María / hacer <u>María acaba de hacer la tarea.</u>

1. Jorge / hablar ______________________
2. nosotros / ir ______________________
3. ustedes / ver ______________________
4. yo / comprar ______________________
5. tú / pasar por ______________________

GRAMÁTICA: THE VERB *venir*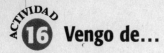

 ACTIVIDAD 16 Vengo de...

Underline the word that best fits the sentence.

1. La profesora (vengo / viene) de su oficina.

2. —Hola, Manuelito. ¿De dónde (vengo / vienes)?

—(Vienes / Vengo) del supermercado.

3. ¿Los niños (vienen / vienes) de clase?

4. Ya no tenemos hambre, pues (vienen / venimos) de comer en casa de unos amigos.

 **ACTIVIDAD 17 ¿Y tú?**

For each of the times listed, say where you are coming from, what you have just done, and how you feel.

modelo: los lunes por la mañana Vengo de casa. Acabo de llegar a la escuela. Estoy cansada.

1. los miércoles a las cuatro de la tarde Vengo de la escuela. Acabo de llegar a casa. Estoy cansada.

_____

2. los sábados a las once de la noche _____

_____

_____

3. los lunes a las ocho de la noche Vengo _____

_____

_____

4. los domingos por la tarde Vengo de la casa Acabo de llegar la casa. Estoy cansada

_____

5. los martes a las ocho de la mañana _____

_____

_____

GRAMÁTICA: *gustar* + INFINITIVE

ACTIVIDAD 18 Nos gusta hacer muchas cosas

Underline the pronoun that best fits the sentence.

1. A nosotros (les / nos) gusta practicar deportes.

2. A mi padre (le / les) gusta estar en la casa.

3. ¿A ustedes (les / nos) gusta pasear por el Viejo San Juan?

4. A ti (te / me) gusta mucho ir al cine, ¿no?

5. A mí (te / me) gusta más ir de compras.

ACTIVIDAD 19 ¿Qué más les gusta?

Choose a word or phrase from each word box. Use the two phrases together in a sentence with the verb **gustar** to tell what the people like to do.

   modelo: mis primos / videos <u>A mis primos les gusta ver videos.</u>

nosotros
mi amigo(a)
Carlos y Mateo
mí
ustedes
ti

el parque
los libros
el perro
la merienda
la clase
el cine

1. _____

2. _____

3. _____

4. _____

5. _____

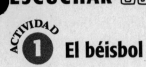

ESCUCHAR 〰〰〰〰〰〰〰〰〰〰〰〰〰〰〰〰〰〰〰

ACTIVIDAD 1 El béisbol

Listen to Coach Palacios talk to the baseball team. Underline the items in the word box that the coach mentions as being important for playing baseball.

> una raqueta practicar mucho un bate varias pelotas
> un uniforme con gorra no hacer ejercicio

ACTIVIDAD 2 El tenis

Listen to Chela talk about her favorite sport, then complete the paragraph with the words that you hear.

Me llamo Chela, y mi _____ favorito es el tenis. Para jugar al tenis

es una tradición _____ ropa blanca. Llevamos unos shorts blancos o

una falda blanca, una camiseta blanca y calcetines y zapatos blancos. Hay que tener

una _____ buena y zapatos de tenis buenos. También es importante

tener suficientes _____, porque vas a perder muchas. Si quieres jugar

bien _____, tienes que practicar mucho.

ACTIVIDAD 3 Un deporte peligroso

Listen to the conversation between Olga and Elena. After you have listened to the conversation, write brief responses to the following questions.

1. ¿Quién quiere empezar a practicar un deporte nuevo? _____

2. ¿Cuáles son los deportes que Olga ya practica? _____

3. ¿Cuáles son los deportes que Elena considera peligrosos? _____

4. ¿Elena va a ayudar a Olga, sí o no? _____

5. ¿Qué van a hacer las chicas ahora? _____

_____

ACTIVIDAD
4 **Una tienda de deportes**

Look at the drawing of the Universo sporting goods store. As you listen to the store's advertisement, make a check mark beside each item or category of item the announcer specifically mentions as being sold in the store.

___ patines

___ raquetas

___ esquís

___ bates

___ camisetas

___ cascos

___ zapatos de tenis

___ bolas de fútbol

___ gorras

ACTIVIDAD
5 **Un debate**

Lucy and her brother Rey disagree about which sports are most interesting. Listen to their conversation, and then answer the following questions.

1. ¿A Lucy le gusta ver fútbol en la televisión? ¿Por qué sí o por qué no? _____

_____

_____

2. ¿Qué deportes opina Rey que son aburridos? _____

_____

_____

3. ¿Qué deportes piensa Lucy que son más interesantes que el fútbol? _____

_____

_____

4. ¿Qué deportes opina Rey que son más peligrosos que el fútbol? _____

_____

_____

¡En español! Level 1a

VOCABULARIO ⊚⊚⊚⊚⊚⊚⊚⊚⊚⊚⊚⊚⊚⊚⊚⊚⊚⊚⊚⊚⊚⊚⊚⊚⊚⊚⊚⊚⊚⊚

ACTIVIDAD 6 ¿Qué se usa para jugar?

Underline the word that best fits the sentence.

1. Para jugar al béisbol, necesitas (una raqueta/un bate).

2. Para jugar al fútbol americano, hay que usar (un casco/una gorra).

3. Practican el baloncesto, el voleibol y el tenis en (una cancha/un campo).

4. Es peligroso andar en patineta si no usas (un casco/una bola).

5. (La raqueta/El guante) es una cosa esencial para el béisbol.

6. Juegan al hockey (sobre hielo/en una piscina).

ACTIVIDAD 7 Cosas necesarias

What sports do you need these items for?

1. un casco _____

2. una raqueta _____

3. una pelota _____

4. un guante _____

5. una bola _____

6. un bate _____

ACTIVIDAD 8 ¿Dónde está el partido?

Fill in the blanks in the sports competition schedule.

Hora	Deporte	Lugar
10:00 A.M.	_____	la piscina
11:00 A.M.	_____	campo de fútbol
12:30 P.M.	baloncesto	_____
2:00 P.M.	_____	al aire libre
2:30 P.M.	tenis	_____
3:00 P.M.	_____	el gimnasio

ACTIVIDAD 9 **¿Qué piensas?**

Pick the word from the word box that best completes the sentence. Each word will be used only once.

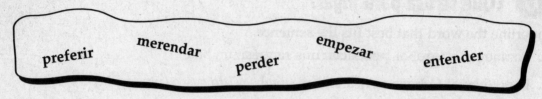

preferir   merendar   perder   empezar   entender

1. No quiero ir a ver el partido de fútbol americano. Es un deporte muy complicado y sé que no lo voy a _____.

2. El partido va a _____ a las dos y media.

3. Son las tres y media y tengo hambre. Quiero _____.

4. ¿Quieres una hamburguesa o vas a _____ otra cosa?

5. ¡Qué lástima! Nuestro equipo va a _____ el partido.

ACTIVIDAD 10 **Mis deportes favoritos**

Write about two sports that you like, or about one you like and one you don't like. Tell what you think of them in general, where they are played, what equipment you need to play them, and so on.

_____
_____
_____
_____
_____
_____
_____
_____
_____
_____
_____
_____
_____

Unidad 3
Etapa 2
CUADERNO
Más práctica

GRAMÁTICA: THE VERB *jugar* ⟳⟳⟳⟳⟳⟳⟳⟳⟳⟳⟳⟳⟳⟳⟳⟳⟳⟳

ACTIVIDAD 11 ¿Quién juega?

Underline the word that best fits the sentence.

1. Yo (juegan / juego) al fútbol con mis amigos.
2. Él no (juegan / juega) muy bien al béisbol.
3. ¿Tú (juego / juegas) al tenis?
4. Tina y Raúl (juegan / juegas) con sus hermanos.
5. Miguel y yo (juegan / jugamos) con el perro.

ACTIVIDAD 12 Una encuesta

Fill in the blanks in the questionnaire with the correct forms of the verb **jugar**.

ENCUESTA SOBRE DEPORTES
1. ¿A qué deporte te gusta más _____?
2. ¿A qué deporte _____ más tus hermanos(as) o amigos(as)?
3. ¿A qué deporte (tú) _____ más con ellos(as)?
4. ¿Dónde _____ ustedes?
5. ¿Quién es el o la deportista que más admiras? ¿A qué deporte _____?

ACTIVIDAD 13 ¿A qué juegas?

Use complete sentences to answer the questions from the questionnaire in **Actividad 12** above.

1. _____
2. _____
3. _____
4. _____
5. _____

GRAMÁTICA: STEM-CHANGING VERBS e → *ie*

ACTIVIDAD 14 Nos gusta jugar

Underline the word that best fits the sentence.

1. Carlos juega al tenis, pero yo (prefiere / <u>prefiero</u> / preferimos) el voleibol.

2. María y yo (pienso / piensa / <u>pensamos</u>) jugar al baloncesto hoy.

3. ¿Rafael y tú (queremos / <u>quieren</u> / quieres) acompañarme al gimnasio?

4. Las prácticas de béisbol (empezamos / empiezas / <u>empiezan</u>) el jueves.

5. Si tú no (cierro / <u>cierras</u> / cerramos) tu mochila, vas a perder el guante y la gorra.

ACTIVIDAD 15 ¿Y los amigos? ¿Qué tal?

Complete each sentence with a form of the verb in parentheses.

1. Mario habla todo el día. Nunca (cerrar) __cierra__ la boca.

2. Sarita y Susi (entender) __entienden__ perfectamente el fútbol americano.

3. Julia (pensar) __piensa__ que el fútbol es más divertido que el béisbol.

4. Mariano nunca (perder) __pierde__ cuando juega al tenis.

5. Todos nosotros (querer) __queremos__ jugar este sábado en el parque.

ACTIVIDAD 16 Una tarde en el estadio

Draw a picture that illustrates the following paragraph.

Juan Antonio y Nora van a ver el partido de béisbol en el estadio. El partido empieza a las dos y media. Ellos meriendan en el estadio. Su equipo gana el partido y están muy emocionados. Después del partido quieren comprar algo en la tienda de recuerdos, pero ellos llegan a la tienda a las cinco y la tienda cierra a las cuatro y media.

¡En español! Level 1a

GRAMÁTICA: THE VERB *saber* ⟨⟨⟨⟨⟨⟨⟨⟨⟨⟨⟨⟨⟨⟨⟨⟨⟨⟨⟨⟨⟨

ACTIVIDAD 17 **¿Quién sabe?**

Underline the form of **saber** that best fits the sentence.

Julio: ¿Ustedes (sabes/<u>saben</u>) dónde vamos a jugar?

Olga: Yo no (<u>sé</u>/sabes). ¿Tú (sabes/saben), Maricela?

Maricela: No. Yo no lo (<u>sé</u>/sabes). Vamos a preguntarle a Marco Aurelio. Él (sabe/<u>sé</u>).

Olga: Oye, Marco Aurelio, (sé/<u>sabes</u>) dónde vamos a jugar?

Marco Aurelio: Sí, lo (<u>sé</u>/sabes). Vamos a jugar en el campo de la escuela femenina.

Gunther: Hola, panas. ¿Qué tal? ¿Ustedes (sabemos/<u>saben</u>) dónde vamos a jugar?

Olga: Sí, ahora nosotros (<u>sabemos</u>/saben). Marco Aurelio acaba de decirnos.

ACTIVIDAD 18 **¿Qué sabe?**

Complete the sentences with the correct form of the verb **saber**.

1. Mi amigo _____.

2. Yo _____.

3. ¿Ustedes _____?

4. Nosotros _____.

5. ¿Tú _____?

ACTIVIDAD 19 **Todos sabemos algo**

Write a paragraph in which you say what some people in your life know or know how to do. Use five forms of the verb **saber**.

_____

_____

_____

_____

_____

GRAMÁTICA: MAKING COMPARISONS

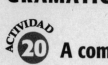

ACTIVIDAD 20 A comparar

Underline the word that best fits the sentence.

1. En el estadio hay más (como/que/de) cincuenta partidos al año.

2. En Puerto Rico, nos gusta practicar el béisbol más (como/que/de) el fútbol.

3. En mi equipo hay (menos/como/que) personas que en tu equipo.

4. A Esteban le gusta nadar tanto (como/que/de) correr.

5. Practico (tanto/tantos/tanta) como Gloria, pero ella juega (mayor/menor/mejor) que yo.

ACTIVIDAD 21 Es lógico

Write comparative sentences based on the information given.

modelo: Raquel tiene dos bates. Jorge tiene dos bates.
<u>Raquel tiene tantos bates como Jorge.</u>

1. Nuestro equipo gana dos partidos. El otro equipo gana tres partidos.

_____

_____

2. Tengo 18 años. Silvia tiene 17 años.

_____

3. Mi bate es nuevo. El bate de Roberto no es nuevo.

_____

4. Francisco es muy rápido. Tito también es muy rápido.

_____

5. Mi equipo juega tres partidos esta semana. Tu equipo juega cinco partidos esta semana. _____

_____

6. El fútbol es muy popular en Latinoamérica . El hockey no es muy popular.

_____

_____

¡En español! **Level 1a**

ESCUCHAR ⊚⊚⊚⊚⊚⊚⊚⊚⊚⊚⊚⊚⊚⊚⊚⊚⊚

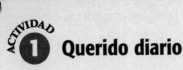

1 Querido diario

Complete the following paragraph. Write the words you hear.

   Mis papás quieren pasar una semana en la casa de la montaña. Es noviembre y

voy a necesitar un abrigo. En la montaña, _____ mucho _____. En

_____ me gusta patinar sobre hielo en el lago, pero ahora es

_____. No hay hielo y si hay no es suficiente para patinar.

_____ de tener un accidente. Pero creo que ya hay _____ y

mis hermanos _____ esquiar. También creo que va a _____.

Mi mamá está preparando las cosas ahora y _____ porque nos

vamos mañana. Bueno, es tarde y _____.

2 ¿Qué ropa necesitan?

Listen to these people. They are all talking about doing something. Circle the article of
clothing that would be appropriate for each activity mentioned.

1. **a.** el abrigo   **b.** los shorts

2. **a.** la bufanda   **b.** el traje de baño

3. **a.** el traje de baño   **b.** el paraguas

4. **a.** las gafas de sol   **b.** el impermeable

5. **a.** la chaqueta   **b.** los shorts

Unidad 3
Etapa 3
CUADERNO
Más práctica

ACTIVIDAD 3 ¿Qué hay en la maleta?

Look at what is in the suitcase. Then answer the questions you hear by circling **sí** or **no**.

1. sí   no
2. sí   no
3. sí   no
4. sí   no
5. sí   no
6. sí   no

ACTIVIDAD 4 ¿Qué prefieres?

Listen to the questions, then write your answers below.

1. _____
2. _____
3. _____
4. _____
5. _____

VOCABULARIO ⊙⊙⊙⊙⊙⊙⊙⊙⊙⊙⊙⊙⊙⊙⊙⊙⊙⊙⊙⊙⊙⊙

ACTIVIDAD 5 ¡Las vacaciones!

Look at the picture. Using the vocabulary from this **etapa,** make a list of five Spanish words to describe what's in the drawing.

_____

_____

_____

_____

_____

ACTIVIDAD 6 ¿En qué estación estamos?

Read the following descriptions and write the season.

_____ **1.** Juan lleva su traje de baño. Él quiere ir a la playa.

_____ **2.** Marta lleva un suéter y tiene ganas de jugar al fútbol americano.

_____ **3.** Irma lleva su abrigo de cuadros y va a esquiar.

_____ **4.** Julio lleva su impermeable y su paraguas. Él está contento porque hay muchas flores en esta estación.

ACTIVIDAD 7 El tiempo

Fill in the blank with the correct weather expression.

1. Cuando nieva, también _____. ¡Brr!

2. _____ mucho en el bosque tropical. No es como el desierto.

3. Creo que va a llover porque _____.

4. Necesitas tus gafas de sol hoy porque _____.

5. ¡Cuidado! Vas a perder la gorra porque _____.

ACTIVIDAD 8 ¿Qué tiempo hace? ¿Qué prefieres hacer?

Answer the following questions for each of the pictures:

1. How's the weather? **2.** What do you think the temperature is? **3.** What would you wear?

modelo:

(1) Hace buen tiempo. Hay sol.

(2) La temperatura está a 75 grados Fahrenheit.

(3) Quiero llevar gafas de sol, shorts y una camiseta.

_____

_____

_____

_____

_____

_____

_____

_____

_____

_____

_____

_____

¡En español! Level 1a

GRAMÁTICA: DESCRIBING THE WEATHER ⟲⟲⟲⟲⟲⟲⟲⟲⟲⟲

ACTIVIDAD 9 ¿Qué tiempo hace?

Underline the correct completion of each sentence.

1. En el bosque tropical, (hace/llueve) mucho.

2. Voy a llevar un traje de baño porque (hace/está) mucho calor.

3. (Viento/Nieva) en Minnesota en el invierno.

4. (Está/Hay) mucho viento en la primavera.

5. Cuando (hay/está) nublado, vemos una película.

ACTIVIDAD 10 ¡Qué tiempo!

Complete the telephone conversation.

A: ¿Te gusta vivir en Seattle?

B: Sí, pero _____ mucho. Necesito un impermeable.

A: Pero en Seattle no _____ mucho _____ en el invierno, ¿no? ¿Cuál es la temperatura?

B: Bueno, hoy está a 75 grados.

A: Aquí en San Antonio _____ buen tiempo: está a 75 grados también, y _____ sol.

ACTIVIDAD 11 El tiempo en...

Write the names of the four seasons. Then list a feature of the weather in your town during that season.

_____

_____

_____

_____

_____

_____

Unidad 3
Etapa 3

CUADERNO
Más práctica

GRAMÁTICA: SPECIAL EXPRESSIONS USING *tener*

ACTIVIDAD 12 ¿Qué tiene?

Complete the following sentences, supplying the correct form of **tener** and choosing the appropriate word.

1. La hermana de Jaime acaba de correr y está cansada. _____ (sueño/suerte).

2. Yo _____ (razón/prisa) porque la práctica empieza en cinco minutos.

3. Marta y Ricardo _____ (suerte/cuidado). Van a San Juan. ¡Qué divertido!

4. Tú _____ (sueño/razón). Hoy no hay práctica.

5. El bosque es peligroso. Cuando va al bosque, mi papá _____ (calor/cuidado).

ACTIVIDAD 13 ¿Qué quieren hacer?

Write sentences to describe what these people feel like doing.

> **modelo:** él: trabajar
>
> **Tú:** <u>Él tiene ganas de trabajar.</u>

1. nosotras: correr _____

2. tú: escribir una carta _____

3. ustedes: ver la televisión _____

4. ellas: cantar _____

5. yo: jugar al fútbol _____

ACTIVIDAD 14 ¿Qué pasa?

Write how you feel in the following situations.

1. No comes por muchas horas. _____.

2. Son las tres de la mañana. _____.

3. Hay examen de matemáticas hoy. _____.

4. Empieza la práctica ahora, pero estás en casa. _____.

¡En español! Level 1a

GRAMÁTICA: DIRECT OBJECT PRONOUNS

ACTIVIDAD 15 El objeto directo

Choose the answer with the correct pronoun substitution.

modelo: Elena lleva un impermeable cuando llueve.

   a. Elena la lleva cuando llueve.

   b. Elena los lleva cuando llueve.

   c. Elena lo lleva cuando llueve. *(circled)*

1. Tengo la raqueta de tenis.

   a. La tengo.

   b. Las tengo.

   c. Lo tengo.

2. Tú y Guillermo quieren la camiseta.

   a. Ustedes las quieren.

   b. Ustedes me quieren.

   c. Ustedes la quieren.

3. Ana trae la merienda.

   a. Ana lo trae.

   b. Ana la trae.

   c. Ana las trae.

4. Carlos prepara estos tacos muy bien.

   a. Carlos los prepara muy bien.

   b. Carlos la prepara muy bien.

   c. Carlos lo prepara muy bien.

5. Santiago prefiere llevar el abrigo.

   a. Santiago nos prefiere llevar.

   b. Santiago prefiere llevarlo.

   c. Santiago la prefiere llevar.

6. Quiero sacar fotos de México hoy.

   a. Lo quiero sacar hoy.

   b. Quiero sacar las fotos hoy.

   c. Las quiero sacar hoy.

ACTIVIDAD 16 ¿Qué hay en la maleta?

Beatriz is going away for the weekend, and her mother is helping her pack a suitcase. Complete the conversation with the appropriate pronouns.

Mamá: Beatriz, ¿ya tienes el vestido que vas a llevar a la fiesta?

Beatriz: Sí, mamá, ya _____ tengo.

Mamá: Necesitas el impermeable y el paraguas también; está lloviendo.

Beatriz: _____ tengo en la maleta, mamá.

Mamá: ¿Y la bufanda?

Beatriz: No _____ necesito, mamá, porque no hace mucho frío.

Mamá: ¿Tienes la cámara? ¿Quieres sacar fotos?

Beatriz: Sí, necesito sacar fotos de los amigos. _____ quiero sacar en la fiesta. Gracias, mamá.

Unidad 3
Etapa 3

CUADERNO
Más práctica

GRAMÁTICA: PRESENT PROGRESSIVE ⌖⌖⌖⌖⌖⌖⌖⌖⌖⌖⌖⌖

ACTIVIDAD 17 ¡Están ocupados!

Choose the correct form of **estar** to complete the sentences.

1. Nelda y Juan (están/está) estudiando hoy.

2. Yo (está/estoy) escribiendo una carta.

3. Tú (estás/estamos) tomando el sol.

4. Mi abuela (estoy/está) leyendo cartas.

5. Mariela y yo (estoy/estamos) caminando en la nieve.

ACTIVIDAD 18 ¿Qué están haciendo?

Everybody's doing his or her favorite thing. Write sentences with the words given.

1. Pedro y Guadalupe / jugar al tenis

   _____

2. los abuelos y yo / ver la televisión

   _____

3. yo / sacar fotos

   _____

4. Carla / escribir una carta

   _____

5. Héctor / bailar en un club

   _____

ACTIVIDAD 19 ¿Qué estás haciendo?

Imagine it's your favorite time of the week and you are doing exactly what you like to do. Say where you are, and list five things that are happening right now.

_____

_____

_____

_____

_____

BOOKMARKS

¡En español! Level 1a

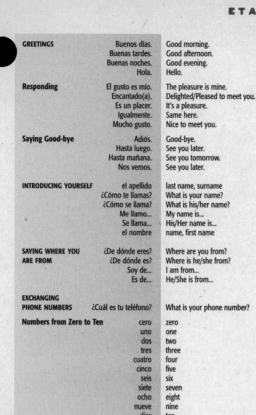

GREETINGS		
	Buenos días.	Good morning.
	Buenas tardes.	Good afternoon.
	Buenas noches.	Good evening.
	Hola.	Hello.
Responding	El gusto es mío.	The pleasure is mine.
	Encantado(a).	Delighted/Pleased to meet you.
	Es un placer.	It's a pleasure.
	Igualmente.	Same here.
	Mucho gusto.	Nice to meet you.
Saying Good-bye	Adiós.	Good-bye.
	Hasta luego.	See you later.
	Hasta mañana.	See you tomorrow.
	Nos vemos.	See you later.
INTRODUCING YOURSELF	el apellido	last name, surname
	¿Cómo te llamas?	What is your name?
	¿Cómo se llama?	What is his/her name?
	Me llamo...	My name is...
	Se llama...	His/Her name is...
	el nombre	name, first name
SAYING WHERE YOU ARE FROM	¿De dónde eres?	Where are you from?
	¿De dónde es?	Where is he/she from?
	Soy de...	I am from...
	Es de...	He/She is from...
EXCHANGING PHONE NUMBERS	¿Cuál es tu teléfono?	What is your phone number?
Numbers from Zero to Ten	cero	zero
	uno	one
	dos	two
	tres	three
	cuatro	four
	cinco	five
	seis	six
	siete	seven
	ocho	eight
	nueve	nine
	diez	ten

SAYING WHICH DAY IT IS	¿Qué día es hoy?	What day is today?
	Hoy es...	Today is...
	Mañana es...	Tomorrow is...
	el día	day
	hoy	today
	mañana	tomorrow
	la semana	week
Days of the Week	lunes	Monday
	martes	Tuesday
	miércoles	Wednesday
	jueves	Thursday
	viernes	Friday
	sábado	Saturday
	domingo	Sunday
OTHER WORDS AND PHRASES	no	no
	sí	yes
Skills	escribir	to write
	escuchar	to listen
	hablar	to talk
	leer	to read

SPANISH IS THE OFFICIAL LANGUAGE OF THESE COUNTRIES:

Argentina	*Argentina*
Bolivia	*Bolivia*
Chile	*Chile*
Colombia	*Colombia*
Costa Rica	*Costa Rica*
Cuba	*Cuba*
Ecuador	*Ecuador*
El Salvador	*El Salvador*
España	*Spain*
Guatemala	*Guatemala*
Guinea Ecuatorial	*Equatorial Guinea*
Honduras	*Honduras*
México	*Mexico*
Nicaragua	*Nicaragua*
Panamá	*Panama*
Paraguay	*Paraguay*
Perú	*Peru*
Puerto Rico	*Puerto Rico*
República Dominicana	*Dominican Republic*
Uruguay	*Uruguay*
Venezuela	*Venezuela*

SAYING WHERE PEOPLE ARE FROM
¿De dónde + ser...? — Where is ... from?
ser de... — to be from...

People
el (la) amigo(a) — friend
el chico, la chica — boy, girl
la familia — family
el hombre, la mujer — man, woman
la muchacha — girl
el muchacho — boy
el señor, la señora, la señorita — Mr., Mrs., Miss

Professions
el (la) doctor(a) — doctor
el (la) estudiante — student
el (la) maestro(a) — teacher
el policía — police officer

Subject Pronouns
yo — I
tú — you (familiar singular)
él, ella, usted — he, she, you (formal singular)
nosotros(as) — we
vosotros(as) — you (familiar plural)
ellos(as) — they

Places
la comunidad — community
el mundo — world
el país — country

GREETING OTHERS
¿Cómo está usted? — How are you? (formal)
¿Cómo estás? — How are you? (familiar)
¿Qué tal? — How is it going?
Estoy... — I am...
(No muy) Bien, ¿y tú/usted? — (Not very) Well, and you? (familiar/formal)
Regular. — So-so.
Terrible. — Terrible/Awful.
Gracias. — Thank you.
De nada. — You're welcome.

INTRODUCING OTHERS
Te/Le presento a... — Let me introduce you to... (familiar/formal)

SAYING WHERE YOU LIVE
Vivo en... — I live in...
Vive en... — He/She lives in...
la casa, el apartamento — house, apartment

EXPRESSING LIKES
¿Te gusta...? — Do you like...?
¿Le gusta...? — Does he/she like...?
Me gusta... — I like...
Te gusta... — You like...
Le gusta... — He/She likes...

Activities
bailar — to dance
cantar — to sing
comer — to eat
correr — to run
escribir — to write
leer — to read
nadar — to swim
patinar — to skate
trabajar — to work

OTHER WORDS AND PHRASES
bienvenido — welcome
el concurso — contest
el lugar — place
mucho/a(s) — much, many
nuevo(a) — new
otro(a) — other, another
pues — well
pero — but
o — or
también — also, too
y — and
no — not

DESCRIBING OTHERS
Appearance
¿Cómo es? — What is he/she like?
alto(a), bajo(a) — tall, short (height)
bonito(a), feo(a), guapo(a) — pretty, ugly, good-looking
castaño(a) — brown hair
corto(a), largo(a) — short (length), long
delgado(a), gordo(a) — thin, fat
fuerte — strong
grande — big, large; great
moreno(a), pelirrojo(a), rubio(a) — dark hair and skin, redhead, blond
pequeño(a) — small

Features
Tiene... — He/She has...
los ojos (verdes, azules) — (green, blue) eyes
el pelo (rubio, castaño) — (blond, brown) hair

Personality
aburrido(a) — boring
bueno(a) — good
cómico(a) — funny, comical
divertido(a) — enjoyable, fun
inteligente — intelligent
interesante — interesting
malo(a) — bad
paciente — patient
perezoso(a) — lazy
serio(a) — serious
simpático(a) — nice
trabajador(a) — hard-working

DESCRIBING CLOTHING
¿De qué color...? — What color...?
Llevo.../Lleva... — I wear.../He/She wears...
¿Qué lleva? — What is he/she wearing?

Clothing
la blusa — blouse
el calcetín — sock
la camisa — shirt
la camiseta — T-shirt
la chaqueta — jacket
la falda — skirt
los jeans — jeans
los pantalones — pants
la ropa — clothing
el sombrero — hat
el suéter — sweater
el vestido — dress
el zapato — shoe

Colors
amarillo(a) — yellow
anaranjado(a) — orange
azul — blue
blanco(a) — white
marrón — brown
morado(a) — purple
negro(a) — black
rojo(a) — red
rosado(a) — pink
verde — green

OTHER WORDS AND PHRASES
la bolsa — bag
el (la) gato(a) — cat
el (la) perro(a) — dog
¡Qué chévere! — How awesome!
¡No digas eso! — Don't say that!
¡Qué (divertido)! — How (fun)!
Es verdad. — It's true.

DESCRIBING FAMILY
la abuela, el abuelo — grandmother, grandfather
los abuelos — grandparents
la hermana, el hermano — sister, brother
los hermanos — brother(s) and sister(s)
la hija, el hijo — daughter, son
los hijos — son(s) and daughter(s), children
la madre, el padre — mother, father
los padres — parents
el (la) primo(a) — cousin
la tía, el tío — aunt, uncle
los tíos — uncle(s) and aunt(s)

Descriptions
joven — young
mayor — older
menor — younger
viejo(a) — old

EXPRESSING POSSESSION
¿De quién es...? — Whose is...?
el(la)... de... — (someone)'s...
Es de... — It's...
mi — my
tu — your (familiar)
su — your, his, her, its, their
nuestro(a) — our
vuestro(a) — your (plural familiar)

ASKING AND TELLING AGES
¿Cuántos años tiene...? — How old is...?
la edad — age
Tiene... años. — He/She is... years old.

Numbers from 11 to 100
once — 11
doce — 12
trece — 13
catorce — 14
quince — 15
dieciséis — 16
diecisiete — 17
dieciocho — 18
diecinueve — 19
veinte — 20
treinta — 30
cuarenta — 40
cincuenta — 50
sesenta — 60
setenta — 70
ochenta — 80
noventa — 90
cien — 100

GIVING DATES
el año — year
la fecha — date
¿Cuál es la fecha? — What is the date?
Es el... de... — It's the ... of ...

Months
el mes — month
enero — January
febrero — February
marzo — March
abril — April
mayo — May
junio — June
julio — July
agosto — August
septiembre — September
octubre — October
noviembre — November
diciembre — December

TALKING ABOUT BIRTHDAYS
el cumpleaños — birthday
felicidades — congratulations
feliz — happy

OTHER WORDS AND PHRASES
ahora — now
la ciudad — city
con — with
dentro — inside
fuera — outside
hay — there is, there are
más — more
muy — very
sólo — only
tener — to have
todo(a) — all
¿Quién es? — Who is it?
¿Quiénes son? — Who are they?

Familiar and Formal Greetings

Familiar greeting: **¿Cómo estás?**
Use with: a friend, a family member, someone younger
Formal greeting: **¿Cómo está usted?**
Use with: a person you don't know, someone older, someone for whom you want to show respect

Tú is a familiar way to say *you*.
Usted is a formal way to say *you*.

Describing People: Subject Pronouns and the Verb ser

To discuss people, you often use subject pronouns. To describe a person or explain who he/she is, use **ser**.

yo **soy**	nosotros(as) **somos**
tú **eres**	vosotros(as) **sois**
usted **es**	ustedes **son**
él/ella **es**	ellos(as) **son**

Using ser de to Express Origin

To say where a person is from use:
ser + de + place
David **es de** San Antonio.

Using Verbs to Talk About What You Like to Do

To talk about what you like to do, use the phrase:
Me gusta + *infinitive* (the basic form of a verb)
Me gusta correr.
Te gusta correr.
Le gusta correr.
¿Te gusta correr?
¿Le gusta correr?
To say someone doesn't like something, use **no**.
No me gusta correr.

Using Definite Articles with Specific Things

All Spanish nouns have masculine or feminine gender.
el chico   la chica
In Spanish, the **definite article** that accompanies a noun will match its gender and number.

Masculine Singular	**el** chico
Masculine Plural	**los** chicos
Feminine Singular	**la** chica
Feminine Plural	**las** chicas

Using Indefinite Articles with Unspecified Things

A noun sometimes appears with an **indefinite article**, which matches the noun's gender and number.

un chico	**una** chica
unos chicos	**unas** chicas

Raúl lleva una camiseta.

Using Adjectives to Describe: Gender

Adjectives describe nouns and match the noun's gender. Adjectives usually follow nouns.

Masculine adjectives often end in **-o**.

Feminine adjectives often end in **-a**.

Most adjectives that end in **-e** match both genders.

Many adjectives that end with a consonant match both genders.
Some add **-a** to become feminine.

Using Adjectives to Describe: Number

Adjectives also match the number of the nouns they describe.
To make an adjective plural, add **-s** if it ends with a vowel, **-es** if it ends with a consonant.
When an adjective describes a group with both genders, use its masculine form.

Saying What You Have: The Verb tener

To talk about what you have, use **tener.**

tengo	tenemos
tienes	tenéis
tiene	tienen

Tener is also used to talk about a person's age.
¿Cuántos años tiene Verónica?
Tiene quince años.

Expressing Possession Using de

To refer to the possessor of an item, use **de**.
el hermano **de** papá
los hijos **de** Javier

Expressing Possession: Possessive Adjectives

Possessive adjectives tell who owns a thing or describe a relationship between people or things. Possessive adjectives agree in number with the nouns they describe.

Singular Possessive Adjectives		Plural Possessive Adjectives	
mi	nuestro(a)	mis	nuestros(as)
tu	vuestro(a)	tus	vuestros(as)
su	su	sus	sus
su	su	sus	sus

The adjectives **nuestro(a)** and **vuestro(a)** must also agree in gender with the nouns they describe.

nuestro abuelo   nuestros abuelos
nuestra abuela   nuestras abuelas

If you need to emphasize, or clarify the meaning of **su** or **sus**, replace the adjective with: **de** + pronoun or the person's name.

de mí	de nosotros(as)
de ti	de vosotros(as)
de usted, él, ella	de ustedes, ellos(as)

Giving Dates: Day and Month

To give the date, use this phrase:
Es el + *number* + **de** + *month*
Hoy **es el once de** noviembre.
Exception: the first of the month:
Es el primero de noviembre.

DESCRIBING CLASSES
la clase — class, classroom
el examen, la prueba — test, quiz
la lección — lesson
la tarea — homework

School Subjects
el arte — art
las ciencias — science
la computación — computer science
la educación física — physical education
el español, el inglés — Spanish, English
la historia — history
la literatura — literature
las matemáticas — mathematics
la música — music

Classroom Activities
enseñar — to teach
escuchar — to listen (to)
estudiar, preparar — to study, to prepare
hablar — to talk
mirar — to watch, to look at
sacar una buena nota — to get a good grade

DESCRIBING CLASS OBJECTS
el borrador — eraser
la calculadora — calculator
el cuaderno — notebook
el diccionario — dictionary
el escritorio — desk
el lápiz, la pluma — pencil, pen
el libro — book
la mochila — backpack
el papel — paper
el pizarrón — chalkboard
la tiza — chalk

At the computer
la computadora — computer
la impresora — printer
la pantalla — screen
el ratón — mouse
el teclado — keyboard

Actions
ayudar (a) — to help
buscar — to look for, to search
contestar — to answer
entrar (a, en) — to enter
esperar — to wait for, to expect
llegar — to arrive
llevar — to wear, to carry
necesitar — to need
pasar — to happen, to pass, to pass by
usar — to use

DISCUSSING OBLIGATIONS
hay que, tener que — one has to (one must), to have to

SAYING HOW OFTEN
a veces, de vez en cuando — sometimes, once in a while
mucho — often
nunca — never
poco, rara vez — a little, rarely
siempre, todos los días — always, every day

OTHER WORDS AND PHRASES
¡Ahora mismo! — Right now!
Con razón. — That's why.
difícil — difficult
fácil — easy
mismo(a) — same
pronto — soon
la razón — reason
tarde — late

TALKING ABOUT SCHEDULES
el almuerzo — lunch
la cita — appointment
el horario — schedule
el receso — break
el semestre — semester

Activities
comprar — to buy
descansar — to rest
estar — to be
terminar — to finish
tomar — to take, to eat or drink
visitar — to visit

ASKING AND TELLING TIME
¿A qué hora es...? ¿Qué hora es? — (At) What time is...? What time is it?
Es la.../Son las... — It is... o'clock
A la(s)... — At... o'clock
de la mañana — in the morning
de la noche — at night
de la tarde — in the afternoon
la medianoche — midnight
el mediodía — noon
menos — to, before
por la mañana — during the morning
por la noche — during the evening
por la tarde — during the afternoon
el reloj — clock, watch
y cuarto — quarter past
y media — half past

ASKING QUESTIONS
adónde — (to) where
cómo — how
cuál(es) — which (ones), what
cuándo — when
dónde — where
por qué — why
qué — what
quién(es) — who

REQUESTING FOOD
¿Quieres beber...? — Do you want to drink...?
¿Quieres comer...? — Do you want to eat...?
Quiero beber... — I want to drink...
Quiero comer... — I want to eat...

Snacks
el agua (fem.) — water
la fruta — fruit
la hamburguesa — hamburger
la merienda — snack
las papas fritas — french fries
el refresco — soft drink
la torta — sandwich
el vaso de — glass of

SAYING WHERE YOU ARE GOING
ir — to go
al — to the

Places
el auditorio — auditorium
la biblioteca — library
la cafetería — cafeteria, coffee shop
el gimnasio — gymnasium
la oficina — office

OTHER WORDS AND PHRASES
durante — during
por favor — please
la verdad — truth

DISCUSSING PLANS
After-school Plans
ir a... — to be going to...
andar en bicicleta — to ride a bike
caminar con el perro — to walk the dog
cenar — to have dinner, supper
comer chicharrones — to eat pork rinds
cuidar (a) — to take care of
el animal — animal
mi hermano(a) — my brother (sister)
el pájaro — bird
el pez — fish
hacer ejercicio — to exercise
ir al supermercado — to go to the supermarket
leer — to read
la novela — novel
el periódico — newspaper
el poema — poem
la poesía — poetry
la revista — magazine
mandar una carta — to send a letter
pasar — to spend
pasar un rato con los amigos — to spend time with friends
pasear — to go for a walk
pintar — to paint
preparar — to prepare
la cena — supper, dinner
la comida — food, a meal
tocar el piano — to play the piano
tocar la guitarra — to play the guitar
ver la televisión — to watch television

SEQUENCING EVENTS
antes (de) — before
después (de) — after, afterward
entonces — then, so
luego — later
por fin — finally
primero — first

ACTIVITIES
abrir — to open
aprender — to learn
beber — to drink
compartir — to share
comprender — to understand
hacer — to make, to do
oír — to hear
recibir — to receive
tener hambre — to be hungry
tener sed — to be thirsty
vender — to sell
ver — to see
vivir — to live

PEOPLE YOU KNOW
conocer a alguien — to know, to be familiar with someone

Places
el museo — museum
el parque — park
el teatro — theater
la tienda — store

OTHER WORDS AND PHRASES
cada — each, every
el corazón — heart
la gente — people
el problema — problem
la vida — life

Saying What You Do: Present of -ar Verbs

To talk about things you do, use the present tense. To form the present tense of a regular verb that ends in **-ar**, drop the **-ar** and add these endings:

-o, -as, -a, -amos, -áis, -an

yo estudio	nosotros(as) estudiamos
tú estudias	vosotros(as) estudiáis
usted, estudia	ustedes, estudian
él, ella	ellos, ellas

Expressing Frequency with Adverbs

To talk about how often someone has done something, you use expressions of frequency.

siempre	always
todos los días	every day
mucho	often
a veces	sometimes
de vez en cuando	once in a while
poco	a little
rara vez	rarely
nunca	never

These expressions usually go before the verb:

siempre   rara vez   nunca

These usually go after the verb:

mucho   poco

Longer phrases can be placed at the beginning or the end of the sentence.

Expressing Obligation with hay que and tener que

To talk about things someone must do, use these phrases.

Use the impersonal phrase
hay que + *infinitive*
if there is **no specific subject.**

Use a form of **tener**
tener que + *infinitive*
if there is a specific subject.

Saying Where You Are Going: the Verb ir

When you talk about where someone is going, use the verb **ir** (to go).

voy	vamos
vas	vais
va	van

Use **adónde** to mean *where* when there is a verb indicating motion, such as **ir.**

Use **dónde** to ask where someone or something is.

Telling Time

To talk about the current time, use

¿Qué hora es?
Son las + *hour.*
Es la una.

Use **y** + *minutes* for the number of minutes **after** the hour.

Use **menos** + *minutes* for the number of minutes **before** the hour.

To talk about when something will happen, use

¿A qué hora + *verb* + *event?*   ¿A qué hora es la clase?
A las + *hour*   A las dos.
A la + *one o'clock*   A la una.

Describing Location with the Verb estar

To say where people or things are located, use **estar.**

estoy	estamos
estás	estáis
está	están

Asking Questions: Interrogative Words

To create a simple yes/no question, use rising voice intonation or switch the position of the subject and verb.

Here are more interrogative words to add to **(a)dónde** and **cuántos(as).**

cómo	how	**por qué**	why
cuál(es)	which, what	**qué**	what
cuándo	when	**quién(es)**	who

Interrogative words have an **accent** on the appropriate vowel. All questions are **preceded** by an **inverted question mark** and **followed** by a **question mark.**

Saying What You Are Going to Do: ir a...

To talk about the future, you say what you are going to do. Use the phrase: **ir + a +** *infinitive*

voy a	vamos a
vas a	vais a
va a	van a

Present Tense of Regular -er and -ir Verbs

Regular verbs that end in **-er** or **-ir** work like **-ar** verbs. Regular **-er** verbs have the same endings as **-ir** verbs except in the **nosotros(as)** and **vosotros(as)** forms. The letter change matches the verb ending: **-er** verbs = emos, éis / **-ir** verbs = imos, ís

comer to eat		**vivir** to live	
como	comemos	vivo	vivimos
comes	coméis	vives	vivís
come	comen	vive	viven

Regular Present Tense Verbs with Irregular yo Forms

These verbs have regular present tense forms except for an irregular **yo** form.

conocer to know, to be familiar with		**hacer** to make, to do	
conozco	conocemos	hago	hacemos
conoces	conocéis	haces	hacéis
conoce	conocen	hace	hacen

When a person is the object of a verb, the personal **a** is used after the verb, except for the verb **tener.**

Using the Verb oír

Like **hacer** and **conocer, oír** (to hear) has an irregular **yo** form in the present tense.

Three of its forms require a spelling change where the **i** becomes a **y.** The **nosotros(as)** and **vosotros(as)** forms have accents.

oigo	oímos
oyes	oís
oye	oyen

Oye/ is used to get someone's attention, like *Hey!* In English.

¡En español! Level 1a

UNIDAD 3 · ETAPA 1

EXTENDING INVITATIONS
¿Quieres acompañarme a...? — Would you like to come with me to...?
Te invito. — I'll treat you. I invite you.
¿Te gustaría...? — Would you like...?

Accepting
¡Claro que sí! — Of course!
Me gustaría... — I would like...
Sí, me encantaría. — Yes, I would love to.

Declining
Gracias, pero no puedo. — Thanks, but I can't.
Tal vez otro día. — Maybe another day.
¡Qué lástima! — What a shame!

Activities
alquilar un video — to rent a video
el concierto — concert
ir al cine — to go to a movie theater
ir de compras — to go shopping
la película — movie
practicar deportes — to play sports
el tiempo libre — free time

EXPRESSING FEELINGS
alegre — happy
cansado(a) — tired
contento(a) — content, happy, pleased
deprimido(a) — depressed
emocionado(a) — excited
enfermo(a) — sick
enojado(a) — angry
nervioso(a) — nervous
ocupado(a) — busy
preocupado(a) — worried
tranquilo(a) — calm
triste — sad

TALKING ON THE PHONE
contestar — to answer
dejar un mensaje — to leave a message
la guía telefónica — phone book
la llamada — call
llamar — to call
la máquina contestadora — answering machine
marcar — to dial
el teléfono — telephone

Phrases for talking on the phone
Deje un mensaje después del tono. — Leave a message after the tone.
Dile/Dígale que me llame. — Tell him or her to call me. (familiar/formal)
¿Puedo hablar con...? — May I speak with...?
Quiero dejar un mensaje para... — I want to leave a message for...
Regresa más tarde. — He/She will return later.
Un momento. — One moment.

SAYING WHERE YOU ARE COMING FROM
venir — to come
del... — from the...

SAYING WHAT JUST HAPPENED
acabar de... — to have just...

OTHER WORDS AND PHRASES
conmigo — with me
contigo — with you
cuando — when, whenever
¡No te preocupes! — Don't worry!
porque — because
solo(a) — alone
temprano — early
ya no — no longer

UNIDAD 3 · ETAPA 2

TALKING ABOUT SPORTS
el equipo — team
ganar — to win
el gol — goal
jugar — to play
el partido — game
la tienda de deportes — sporting goods store

Sports
andar en patineta — to skateboard
el baloncesto — basketball
el béisbol — baseball
esquiar — to ski
el fútbol — soccer
el fútbol americano — football
el hockey — hockey
levantar pesas — to lift weights
el surfing — surfing
el tenis — tennis
el voleibol — volleyball

Equipment
el bate — bat
la bola — ball
el casco — helmet
la gorra — baseball cap
el guante — glove
los patines — skates
la patineta — skateboard
la pelota — baseball
la raqueta — racket

Locations
al aire libre — outdoors
el campo — field
la cancha — court
el estadio — stadium
la piscina — swimming pool
sobre hielo — on ice

EXPRESSING PREFERENCES
preferir — to prefer
querer — to want

SAYING WHAT YOU KNOW
saber — to know

MAKING COMPARISONS
más de — more than
más... que — more... than
mayor — older
mejor — better
menor — younger
menos de — less than
menos... que — less... than
peor — worse
tan... como — as... as
tanto como — as much as

OTHER WORDS AND PHRASES
cerrar — to close
empezar — to begin
entender — to understand
favorito(a) — favorite
loco(a) — crazy
merendar — to have a snack
peligroso(a) — dangerous
pensar — to think, to plan
perder — to lose

UNIDAD 3 · ETAPA 3

DESCRIBING THE WEATHER
el grado — degree
llover — to rain
la lluvia — rain
nevar — to snow
la nieve — snow
el sol — sun
la temperatura — temperature
el tiempo — weather
el viento — wind
¿Qué tiempo hace? — What is the weather like?
Está nublado. — It is cloudy.
Hace... — It is...
buen tiempo — nice outside
calor — hot
fresco — cool
frío — cold
mal tiempo — bad outside
sol — sunny
viento — windy
Hay... — It's...
sol — sunny
viento — windy

The Seasons
las estaciones — seasons
el invierno — winter
el otoño — fall
la primavera — spring
el verano — summer

DISCUSSING CLOTHING AND ACCESSORIES

Clothing
el abrigo — coat
la bufanda — scarf
el gorro — cap
el impermeable — raincoat
los shorts — shorts
el traje de baño — bathing suit

Styles
con rayas — striped
de cuadros — plaid, checked

Accessories
el bronceador — suntan lotion
las gafas de sol — sunglasses
el paraguas — umbrella

STATING AN OPINION
creer — to believe
Creo que sí/no. — I think so./I don't think so.

DESCRIBING HOW YOU FEEL
tener... — to be...
calor — hot
cuidado — careful
frío — cold
miedo — afraid
prisa — in a hurry
razón — right
sueño — sleepy
suerte — lucky
tener ganas de... — to feel like...

OTHER WORDS AND PHRASES
sacar fotos — to take pictures
tomar el sol — to sunbathe

Places
el bosque — forest
el desierto — desert
el lago — lake
el mar — sea
la montaña — mountain
la playa — beach
el río — river

Vegetation
el árbol — tree
la flor — flower
la planta — plant

¡En español! Level 1a

Expressing Feelings with estar and Adjectives

Estar is used with adjectives to describe how someone feels at a given moment.

estoy	estamos
estás	estáis
está	están

Remember that adjectives must agree in gender and number with the nouns they describe.

Saying What Just Happened with acabar de

When you want to say what just happened, use the present tense of

acabar + de + *infinitive*

acabo de	acabamos de
acabas de	acabáis de
acaba de	acaban de

Saying Where You Are Coming From with venir

Venir means *to come*.

vengo	venimos
vienes	venís
viene	vienen

Saying What Someone Likes to Do Using gusta + infinitive

Use these phrases to talk about what more than one person likes to do.

nos gusta correr — we like to run
os gusta correr — you (plural familiar) like to run
les gusta correr — they/you (plural formal) like to run

For emphasis, use

a + name / noun / pronoun

The pronouns that follow **a** are:

a mí	me gusta	**a nosotros**	nos gusta
a ti	te gusta	**a vosotros**	os gusta
a usted, él, ella	le gusta	**a ustedes, ellos(as)**	les gusta

Talking About Playing a Sport: The Verb jugar

Jugar means *to play*.

juego	jugamos
juegas	jugáis
juega	juegan

When you use **jugar** with the name of a sport, you must use
jugar a + *sport*

Stem-Changing Verbs: e → ie

In these verbs the **e** in the stem sometimes changes to **ie**.

cerrar
empezar
entender
merendar
pensar
perder
preferir
querer

For example:
Pensar means *to think* or *to plan*.

pienso	pensamos
piensas	pensáis
piensa	piensan

Saying What You Know: The Verb saber

Saber means *to know*.

sé	sabemos
sabes	sabéis
sabe	saben

To say that someone knows how to do something, use:
saber + *infinitive*

Making Comparisons

When comparing two things, use these phrases with adjectives:

(+) más <adjective> que...
(−) menos <adjective> que...
(=) tan <adjective> como...

Use these phrases without adjectives:

(+) más que...
(−) menos que...
(=) tanto como...

Irregular comparative words:
mayor
menor
mejor
peor

Use **de** with numbers.
más de cinco
menos de diez

Describing the Weather

To talk about the weather, use these phrases.
¿Qué tiempo hace?
Hace...

calor.
frío.
sol.
viento.
buen tiempo.
mal tiempo.
fresco.

Hay...

sol.
viento.

Llueve.
Nieva.
Está nublado.

Expressions with tener

When you use **tener** with some words, special meaning is created.

tener...

...años
calor
cuidado
frío
hambre
miedo
prisa
razón
sed
sueño
suerte

tener ganas de...

bailar
cantar

Direct Object Pronouns

The direct object in a sentence receives the action of the verb.

me	nos
te	os
lo	los
la	las

Direct object pronouns are placed before the conjugated verb or attached to an infinitive verb.

Necesito sacar **fotos.**
Las quiero sacar hoy.
Quiero sacar**las** hoy.

Saying What Is Happening: Present Progressive

To say what is happening, use the present progressive. To form this tense, use

present tense of **estar** + *present participle*

estoy hablando	estamos hablando
estás hablando	estáis hablando
está hablando	están hablando

Present Participles

habl -ar + -ando → hablando
com -er + -iendo → comiendo
escrib -ir + -iendo → escribiendo

When the stem of an **-er** or **-ir** verb ends in a vowel, **-iendo** becomes **-yendo.**

le -er + -yendo → leyendo
o -ir + -yendo → oyendo
cre -er + -yendo → creyendo

¡En español! **Level 1a**